Frédéric Delavier | Michael Gundill

GUIA DE MUSCULAÇÃO PARA ESPORTES DE LUTA

Manole

PARTE 3

PROGRAMAS DE TREINAMENTO 127

POR QUE MUSCULAÇÃO?

Se a musculação tornou-se indispensável para os esportes de combate, é porque ela melhora a eficiência do lutador em cinco níveis diferentes, da seguinte forma:

❶ **Fazendo ganhar potência de ataque.**

❷ **Desenvolvendo a resistência.**

❸ **Aumentando a amplitude dos movimentos, por exemplo, os chutes.**

❹ **Construindo uma blindagem protetora que diminui a vulnerabilidade durante a luta.**

❺ **Prevenindo lesões por desgaste. A repetição de golpes vigorosos provoca degradações articulares e musculares prematuras. A musculação ajuda a prevenir essas lesões, para que o lutador não se prejudique por causa de dores desnecessárias.**

A EFICIÊNCIA ANTES DE TUDO

O lutador, porém, não dispõe de horas e horas para se dedicar à musculação. Como sua capacidade de recuperação é limitada, o tempo destinado ao treino com pesos será retirado daquele que seria consagrado ao treino técnico. Por isso, seu programa de musculação deve essencialmente:

❶ **Concentrar-se apenas naquilo que funciona melhor. Veremos que alguns exercícios, muito populares, são na realidade perda de tempo, pois não simulam exatamente os esforços neuromusculares exigidos durante a luta.**

❷ **Adaptar o mais precisamente possível o treinamento às necessidades específicas e individuais.**

Vamos focalizar esses dois pontos ao longo deste livro, para que você obtenha o máximo de resultados no menor tempo.

À PROCURA DA SIMPLICIDADE

Existe um número infinito de aparelhos e acessórios de musculação e condicionamento para a luta. Apesar de serem uma tendência, a maioria está longe de ser indispensável. Na realidade, uma barra de musculação e halteres são mais que suficientes para você treinar bem. Elaboramos o essencial dos programas tendo em vista esses dois instrumentos aos quais todo mundo tem acesso e que são, de longe, os mais eficazes.

UMA ABORDAGEM ANATOMORFOLÓGICA DO COMBATE APLICADA À MUSCULAÇÃO

No passado, as técnicas de combate impostas por uma modalidade tinham poucas chances de ser adequadas a sua própria morfologia. A grande revolução do MMA é que o praticante pode selecionar as técnicas mais apropriadas considerando suas predisposições morfológicas.

Vamos adaptar essa filosofia para a musculação, evitando o erro que consiste em simplesmente copiar o que faz o colega ou o atleta campeão. Todos nós temos morfologias únicas; trata-se de um dado fisiológico que deve ser respeitado para ser o melhor lutador possível. Assim, explicaremos como você pode adaptar seus exercícios de musculação a sua morfologia.

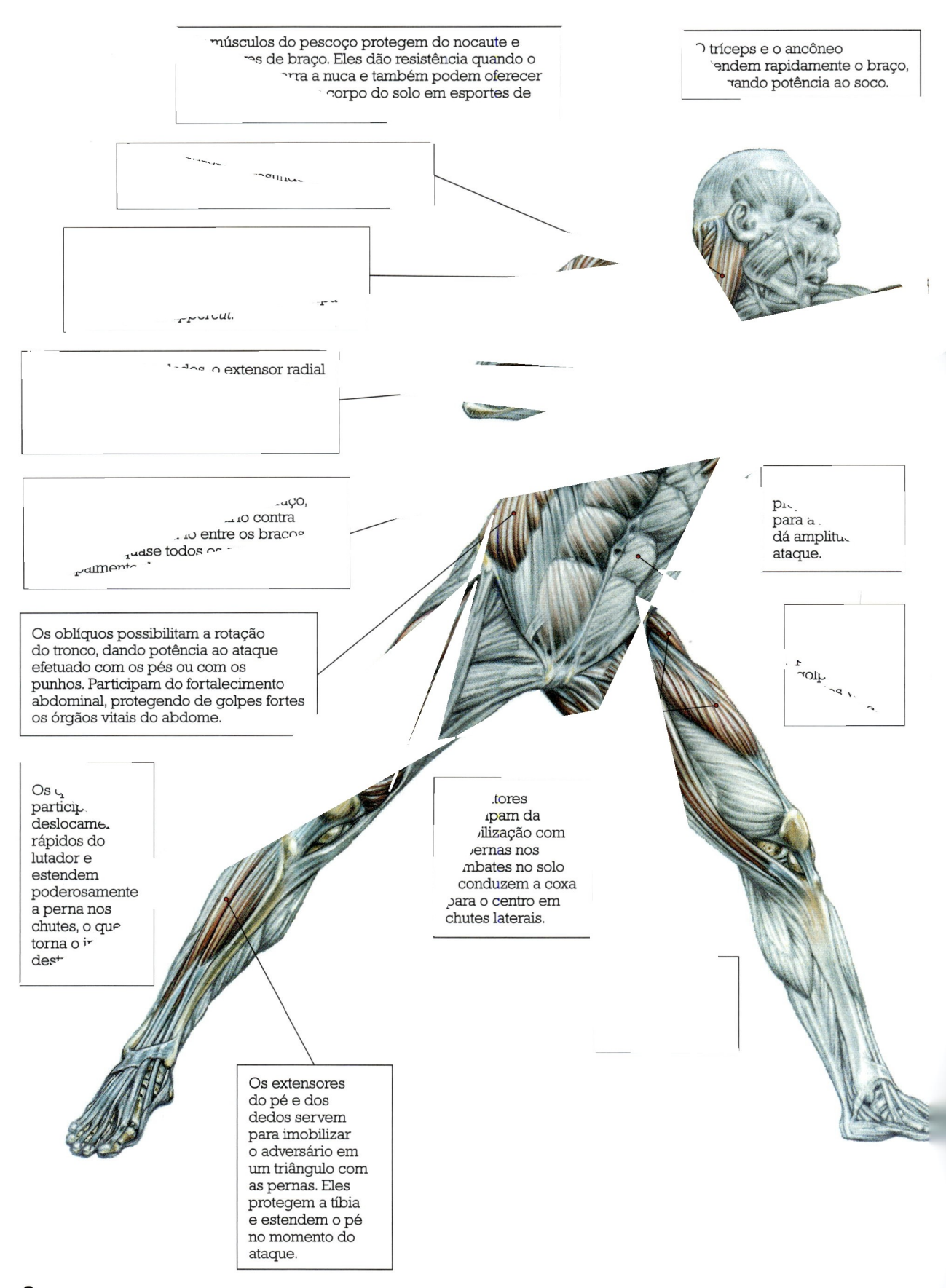

...músculos do pescoço protegem do nocaute e ...es de braço. Eles dão resistência quando o ...rra a nuca e também podem oferecer ...corpo do solo em esportes de

O tríceps e o ancôneo ...endem rapidamente o braço, ...rando potência ao soco.

...edos, o extensor radial

...aço, ...no contra ...o entre os braços ...uase todos os ... ...almente...

Os oblíquos possibilitam a rotação do tronco, dando potência ao ataque efetuado com os pés ou com os punhos. Participam do fortalecimento abdominal, protegendo de golpes fortes os órgãos vitais do abdome.

p... para a... dá amplitu... ataque.

Os q... particip... deslocame... rápidos do lutador e estendem poderosamente a perna nos chutes, o que torna o i... dest...

...tores ...pam da ...ilização com ...ernas nos ...mbates no solo ...conduzem a coxa ...para o centro em chutes laterais.

Os extensores do pé e dos dedos servem para imobilizar o adversário em um triângulo com as pernas. Eles protegem a tíbia e estendem o pé no momento do ataque.

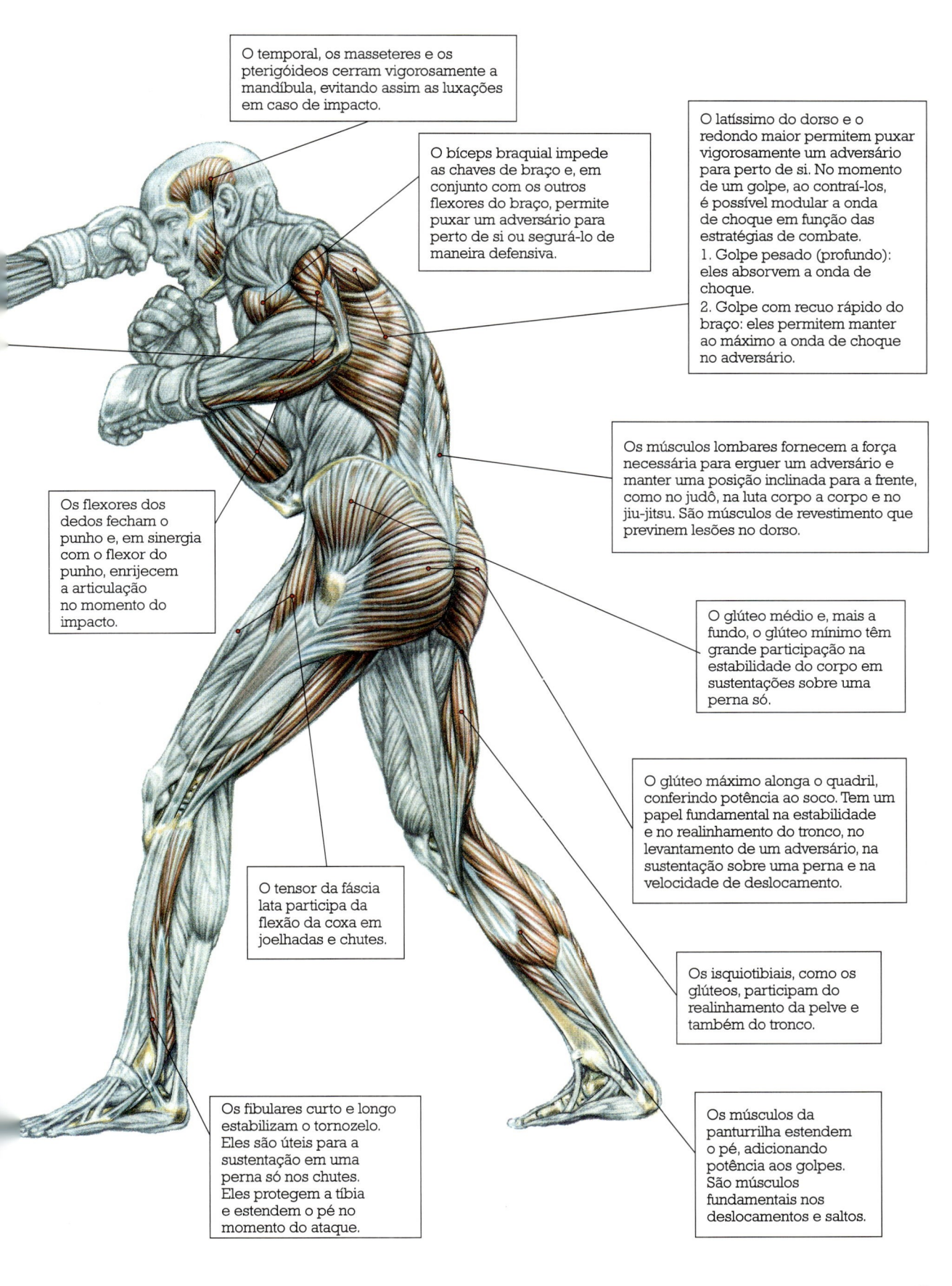

O temporal, os masseteres e os pterigóideos cerram vigorosamente a mandíbula, evitando assim as luxações em caso de impacto.

O bíceps braquial impede as chaves de braço e, em conjunto com os outros flexores do braço, permite puxar um adversário para perto de si ou segurá-lo de maneira defensiva.

O latíssimo do dorso e o redondo maior permitem puxar vigorosamente um adversário para perto de si. No momento de um golpe, ao contraí-los, é possível modular a onda de choque em função das estratégias de combate.
1. Golpe pesado (profundo): eles absorvem a onda de choque.
2. Golpe com recuo rápido do braço: eles permitem manter ao máximo a onda de choque no adversário.

Os músculos lombares fornecem a força necessária para erguer um adversário e manter uma posição inclinada para a frente, como no judô, na luta corpo a corpo e no jiu-jitsu. São músculos de revestimento que previnem lesões no dorso.

Os flexores dos dedos fecham o punho e, em sinergia com o flexor do punho, enrijecem a articulação no momento do impacto.

O glúteo médio e, mais a fundo, o glúteo mínimo têm grande participação na estabilidade do corpo em sustentações sobre uma perna só.

O glúteo máximo alonga o quadril, conferindo potência ao soco. Tem um papel fundamental na estabilidade e no realinhamento do tronco, no levantamento de um adversário, na sustentação sobre uma perna e na velocidade de deslocamento.

O tensor da fáscia lata participa da flexão da coxa em joelhadas e chutes.

Os isquiotibiais, como os glúteos, participam do realinhamento da pelve e também do tronco.

Os fibulares curto e longo estabilizam o tornozelo. Eles são úteis para a sustentação em uma perna só nos chutes. Eles protegem a tíbia e estendem o pé no momento do ataque.

Os músculos da panturrilha estendem o pé, adicionando potência aos golpes. São músculos fundamentais nos deslocamentos e saltos.

PRINCÍPIOS BÁSICOS DA MUSCULAÇÃO

ELABORAÇÃO DO PROGRAMA

A elaboração de um programa de musculação personalizado está relacionada a bases teóricas simples, das quais é preciso ter conhecimento. Procedendo metodicamente, descreveremos cada uma das 20 etapas que constituem a essência de um programa sob medida. Após ler estas 20 etapas, você terá a resposta de todas as possíveis perguntas referentes à elaboração de seu plano de treinamento.

❶ Defina seus objetivos

A primeira etapa da elaboração de um programa de musculação consiste em definir bem seus objetivos. Você deseja:
→ ficar mais forte?
→ melhorar sua potência?
→ reforçar especificamente algumas áreas?
→ ampliar a eficiência de alguns golpes?
→ aumentar de maneira significativa sua capacidade cardiovascular?
→ moldar melhor seu corpo?
Em geral, os objetivos são múltiplos. No entanto, se você não definir claramente sua meta, será muito difícil estabelecer um programa ideal, pois para cada um desses objetivos há técnicas específicas de treinamento.
Em seguida, é preciso quantificar seus objetivos. Por exemplo, eu quero:
→ aumentar a força de meus braços em 5 kg dentro de um mês;
→ dobrar o número de séries realizadas em 10 minutos para aumentar minha resistência em 15 dias;
→ aumentar os músculos de meu pescoço em 1 cm em 2 meses.

O prazo e a extensão de progressos esperados devem ser razoáveis e realistas. Tenha em mente que nunca se progride tão rapidamente como se gostaria! O que acontece mais frequentemente é termos a impressão de estagnar. Porém, com um bom programa, uma estagnação real é rara. Quantificando bem seus objetivos e estabelecendo etapas regulares e precisas a serem superadas, você poderá mensurar mais facilmente a amplitude de seu progresso. Cada objetivo atingido constituirá uma motivação para a continuidade de seu treino.
Modelos de programas serão descritos na Parte 3 (p. 127); eles funcionarão como planos de base. Cabe a você personalizá-los em função dos diferentes parâmetros que serão desenvolvidos aqui.

❷ Quantas sessões de musculação por semana?

Para responder a essa questão, o fator determinante é sua disponibilidade de tempo. Esse fator nem sempre, infelizmente, estará de acordo com o que seria ideal. Mas saiba que se você puder fazer musculação apenas uma vez por semana, ainda assim é melhor que nada. Isso resultará sempre em progresso. Para lutadores iniciantes, que treinam já intensamente para o combate, 1 treinamento de musculação semanal será igualmente conveniente.
No entanto, tudo indica que 2 treinamentos semanais constituem um bom equilíbrio. Três sessões de musculação por semana deveriam ser suficientes, a menos que se detecte um grande déficit de força.

Recomendamos que você não faça mais de 4 treinamentos por semana. Tenha em mente que um excesso de musculação é mais prejudicial ao progresso que a falta de treinamento. Somente atletas experientes se beneficiarão de uma frequência de esforço que ultrapasse 4 treinamentos semanais.

> **⚠ ATENÇÃO!**
>
> Quando começamos a musculação, estamos geralmente cheios de entusiasmo e de energia. Queremos treinar todos os dias para progredir mais rapidamente. Essa empolgação do início corre o risco de se transformar, rapidamente, em desilusão e cansaço (sobretreinamento). Isso resulta em uma perda de motivação. Os lutadores que mais progridem com a musculação são aqueles capazes de moderar seus esforços. Os resultados não chegam instantaneamente; é preciso saber esperar.

♦ EVOLUÇÃO

O ideal é começar com 1 ou até 2 sessões semanais durante 1 ou 2 meses, antes de passar a 3 sessões, quando você se sentir pronto. Em um primeiro momento, não faça mais de 3 treinamentos semanais. Depois de 3 a 6 meses de treinamentos regulares, estruturar o treino sobre 4 dias pode ser desejável.

❸ Em quais dias treinar?

O ideal é poder alternar um dia de musculação com um dia de descanso. Ainda assim, isso pode não estar de acordo com sua disponibilidade de tempo. Nesse caso, será preciso fazer o melhor entre o ideal e o possível. Com uma estrutura de:

♦ 1 TREINAMENTO POR SEMANA

Liberdade total quanto à escolha do dia do treinamento.

♦ 2 TREINAMENTOS POR SEMANA

As sessões de musculação devem, idealmente, ser o mais espaçadas possível, por exemplo, segunda e quinta-feira ou terça e sexta-feira. Em todos os casos, planeje ao menos um dia de descanso entre os dois treinos. A exceção é, claro, se você puder treinar apenas no fim de semana. Esse treino de musculação em dois dias sucessivos não é ideal, mas, por outro lado, você terá o resto da semana para se recuperar.

♦ 3 TREINAMENTOS POR SEMANA

A configuração ideal é alternar dia de treinamento e dia de descanso. Por exemplo: treinamento segunda, quarta e sexta-feira. O fim de semana fica livre. É sempre possível emendar dois dias de treinamento (no fim de semana, por exemplo) e reservar a terceira sessão para a quarta-feira. Mas na medida do possível, evite as justaposições. A organização menos desejável seria fazer três dias de musculação seguidos. Sua única justificativa para isso seria o fato de sua disponibilidade de tempo não lhe permitir fazer diferente.

♦ 4 TREINAMENTOS POR SEMANA

Nessa configuração, os dias de descanso sendo matematicamente menos numerosos; 2 sessões vão necessariamente se justapor, por exemplo:
→ segunda, quarta, sexta, domingo;
→ ou segunda, terça, quinta, sábado.
Se você dispuser de tempo flexível, pode dividir essas 4 sessões não em 7, mas em 8 dias. Assim, um dia de treinamento será sempre seguido por um dia de descanso. A recuperação será favorecida graças a uma frequência de treinamento ligeira-

mente menor. O inconveniente é ter um programa cujos dias de treinamento mudam de semana a semana.

⚠ ATENÇÃO!

Saber quantas vezes trabalhar o corpo com musculação na semana equivale a considerar quantos dias de descanso devem existir entre dois treinamentos. Efetivamente, os músculos se tonificam durante a fase de repouso entre as sessões e não durante o esforço.

Por isso repousar é tão importante quanto treinar.

Se você não ganhar força ou resistência de uma sessão para a outra, será mais prudente dar mais tempo de recuperação aos músculos, pois a falta de progresso é sinônimo de falta de repouso.

④ Quantos músculos devo trabalhar em cada sessão?

Para responder a essa questão, é importante fazer a distinção entre o treinamento para a massa muscular (fisiculturismo) e o treinamento para melhorar o desempenho em esportes de combate. O fisiculturista isola o máximo possível cada grupo muscular. Por exemplo, em um dia ele treina os músculos da parte superior do corpo, em outro os da parte inferior.

Seguir essa divisão artificial para um lutador constitui um erro terrível. Para progredir, ele deve treinar todos os seus músculos no mesmo dia, pois em uma luta os músculos trabalham de maneira conjunta e não individual.

A única exceção seria para um lutador que precisa de reforço específico em alguma parte do corpo, como o pescoço ou o abdome.

⑤ Em que sequência devo trabalhar meus músculos?

Nosso corpo é composto de 6 grandes grupos musculares (ver as ilustrações na página seguinte):
→ os braços (bíceps, tríceps, antebraço);
→ o dorso (pescoço, trapézios, dorsais, lombares);
→ os ombros;
→ os peitorais;
→ músculos abdominais;
→ as pernas (quadríceps, posteriores da coxa, glúteos e panturrilhas).

Estatisticamente, existem cerca de vinte possibilidades de combinação de treinamento desses 6 grandes grupos musculares. Nem todas são boas. É por essa razão que vamos explicar como reduzir essas possibilidades de combinação para que você se concentre nas formas mais eficazes.

A ordem correta de treinamento dos músculos depende de 3 parâmetros:
→ regras de bom senso a serem respeitadas;
→ a prioridade dada a cada grupo;
→ a adaptabilidade de acordo com seu progresso.

♦ **1. AS REGRAS**
Existem algumas regras que se aplicam à maioria dos lutadores.
→ Não treine os braços antes dos peitorais, ombros ou costas. Para esses 3 grupos, você precisará de toda a força dos braços. Em razão disso, eles não devem estar já fatigados no momento de começar a trabalhar os músculos do tronco.
→ Para as pernas, faça sempre as panturrilhas por último. Se estiverem fatigadas, podem começar a tremer quando você trabalhar as coxas. Esses tremores não apenas irão reduzir seu desempenho, como também podem ser perigosos (risco de queda).

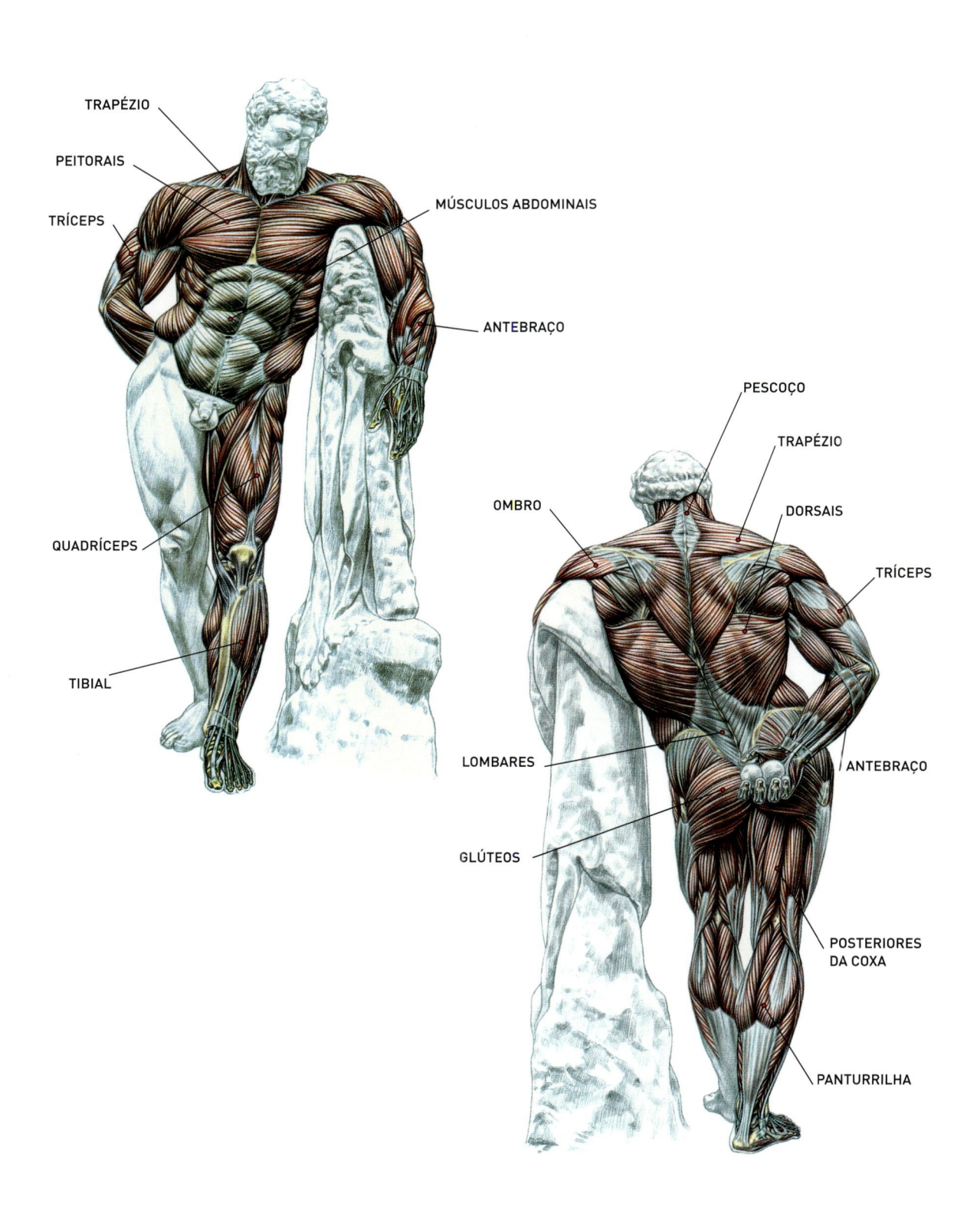

TRAPÉZIO

PEITORAIS

TRÍCEPS

MÚSCULOS ABDOMINAIS

ANTEBRAÇO

QUADRÍCEPS

TIBIAL

PESCOÇO

TRAPÉZIO

OMBRO

DORSAIS

TRÍCEPS

LOMBARES

ANTEBRAÇO

GLÚTEOS

POSTERIORES DA COXA

PANTURRILHA

Alterne um exercício para a parte superior do corpo com um movimento para a parte inferior, antes de voltar para a parte superior, e assim por diante. Por exemplo: peitorais, quadríceps, ombros, posteriores da coxa, costas, etc. Assim, enquanto a parte de cima se recupera, a de baixo trabalha, o que lhe permitirá manipular cargas mais adequadas.

♦ 2. SUAS PRIORIDADES

O segundo parâmetro que dita a ordem de treinamento dos músculos é sua prioridade. Assim, os músculos não devem necessariamente ser tratados de maneira idêntica.

Essas prioridades devem ser levadas em conta para montar a estrutura de seu plano de treinamento. É preciso ter em mente que se alguns músculos forem exercitados primeiro, outros vão se encontrar um pouco sacrificados, pois sua capacidade de treinamento será afetada.

Os lutadores devem determinar uma hierarquia de importância de cada um dos grupos musculares de acordo com seu estilo de combate. Por exemplo, para um boxeador, o ombro, o braço e os músculos abdominais apresentam uma importância particular.

Para um *kickboxer*, a prioridade será dada às coxas em vez dos músculos dorsais.

Ao dar prioridade aos grupos da parte superior enquanto as coxas são um pouco deixadas de lado, os músculos do tronco progredirão mais rapidamente, e vice--versa.

Se você tiver um ponto fraco (os músculos abdominais, por exemplo) comece suas sessões pelos abdominais como forma de aquecimento. Porém, um ponto forte ou um músculo que apresente pouca importância em seu estilo de combate pode ser trabalhado no fim da sessão. Ele será exercitado mais ou menos intensamente em função da energia e do tempo que restam.

♦ 3. A ADAPTABILIDADE DE ACORDO COM SEU PROGRESSO

É preciso ter em mente que suas prioridades não serão sempre as mesmas. Elas evoluem constantemente. Conforme você progride, é preciso modificar seu programa para adaptá-lo ao novo contexto. Por exemplo, comparada à de um lutador de alto nível, a força do soco de um iniciante (Filimonov, 1983) vem:

→ 38% de seu braço contra 25% no caso de um campeão de boxe;

→ 45% de sua rotação do tronco (37% para um campeão);

→ 17% da região posterior de sua perna (38% para um campeão).

Para melhorar seu soco, o iniciante não precisa treinar as coxas tanto quanto um campeão. Assim ele evitará perder tempo treinando as pernas, pois o foco do treino deve estar em seus braços e músculos rotadores do tronco.

O trabalho de preparação física deve estar adaptado ao estilo do lutador, não o contrário.

Quanto mais o nível do lutador aumenta, mais a força de seu soco provém das coxas, o que sugere que a importância dada aos diferentes músculos evolui com o progresso. O programa de musculação deverá ser modificado com o tempo.

6 Quantas séries por exercício?

DEFINIÇÃO

Uma série designa o número de repetições de um mesmo movimento até a fadiga.

O número de séries realizadas por exercício é um fator importante para sua evolução. Se você se exercitar demais, vai ocasionar um sobretreinamento, o que prejudicará o progresso. Se não fizer o suficiente, os músculos não terão sido estimulados de maneira ideal para a obtenção de resultados rápidos.

É seu nível que determina o número de séries que devem ser efetuadas por exercício.

★ **Iniciantes:** não ultrapassar 3 séries por exercício.

★ **Depois de 1 mês de treinamento:** não ultrapassar 4 séries por exercício.

★ **Depois de 2 meses de treinamento:** não ultrapassar 5 séries por exercício.

★ **Depois de 3 meses de treinamento:** não ultrapassar 6 séries por exercício.

★ **Com mais de 3 meses** você será capaz de determinar o número de séries de acordo com suas necessidades e sua capacidade de recuperação.

⚠ ATENÇÃO!

O objetivo não é executar séries fáceis para poder fazer muitas. É melhor forçar mais em cada série e efetuar menos em número do que o contrário. Se você não tiver nenhuma dificuldade em ir além de seus limites máximos, isso significa que sua intensidade de contração não está muito elevada. Essa intensidade se consegue com treinamento. Seus músculos não adquirem do dia para a noite a capacidade de chegar ao limite de suas possibilidades em uma série.

Nota: como as séries de aquecimento são pouco intensas, não são levadas em conta nos números de séries mencionados.

COMO CONTROLAR SEU VOLUME DE TREINAMENTO?

O número de séries constitui a primeira variável de ajuste do volume do treino. É nesse parâmetro, mais delicado que a adição de exercícios, que é preciso focar em um primeiro momento. Ao longo do progresso, quando se sentir pronto, adicione uma ou outra série.

O ideal é deixar seus músculos dizerem quantas séries você deve efetuar. O indício mais evidente é quando você começar a perder força além do normal de uma série para a outra. Uma queda brutal da força indica que talvez você tenha feito uma série a mais. Isso deve ser considerado no próximo treinamento.

Evidentemente, o número de séries que você é capaz de efetuar pode variar de uma sessão para a outra. Nos dias em que estiver bem, você será tentado a aumentar o número. Em contrapartida, nos dias em que estiver mais cansado, reduza o número para não se esgotar.

❼ Quantas séries devo fazer por treino?

Seu nível, sua disponibilidade, assim como seus objetivos determinam o número total de séries que você pode efetuar em uma sessão.

◆ **REGRAS BÁSICAS PARA A MUSCULAÇÃO CLÁSSICA**

★ **Iniciantes:** não ultrapassar um total de 10 séries por sessão.

★ **Depois de 1 mês de treinamento:** não ultrapassar 12 séries por sessão.

★ **Depois de 2 meses de treinamento:** não ultrapassar 15 séries por sessão.

★ **Depois de 3 meses de treinamento:** não ultrapassar 20 séries por sessão.

★ **Iniciantes:** não ultrapassar um total de 12 séries por sessão.

★ **Depois de 1 mês de treinamento:** não ultrapassar 15 séries por sessão.

★ **Depois de 2 meses de treinamento:** não ultrapassar 20 séries por sessão.

★ **Depois de 3 meses de treinamento:** não ultrapassar 25 séries por sessão.

8 Quando trocar os exercícios?

Na medida em que houver progressos musculares, você deverá constantemente alterar seu programa. Os iniciantes progridem facilmente, sobretudo seguindo um treino idêntico semana após semana. A partir do momento em que uma rotina traz bons resultados, há certo interesse em mantê-la. Mudanças muito frequentes de estrutura criam uma interferência negativa, atrapalhando a aprendizagem motora e impedindo o aumento progressivo da intensidade do esforço.

Efetivamente, os músculos não podem ser trabalhados de forma intensa em um novo exercício. Eles precisam de uma fase de iniciação (chamada de aprendizagem motora), para poder mobilizar toda sua força. É por essa razão que progredimos muito rápido em um novo exercício ao longo das sessões, pois partimos de um nível muito baixo, distante do real potencial de força.

É difícil, para um iniciante pouco acostumado com os movimentos de musculação, atingir o nível crítico de mobilização ideal da força. A melhor técnica de intensificação para um novato consiste em saber que ele efetuou 10 repetições de abdominais em seu último treino e que deve fazer pelo menos 11 no outro dia, sem que seu estilo de execução se deteriore.

Se você trocar de exercícios com muita frequência, seus músculos não terão o tempo de aprender a usar toda sua força em relação ao antigo movimento. Todo o tempo dedicado a descobrir um novo exercício representa uma perda de tempo no que se refere à aquisição de força. Trocar de exercício constantemente enquanto não há necessidade multiplica esses períodos dispensáveis de aprendizagem.

Por outro lado, quando os progressos já não forem mais os desejados após várias sessões consecutivas, este é o momento de mudar seu programa. Substituir seus exercícios no momento correto constitui outra importante variável de ajuste do treino.

9 Quantas repetições por série?

DEFINIÇÃO

O termo "repetição" representa o número total de vezes que você efetua um movimento em uma série (ver esse termo na p. 17). Uma repetição apresenta 3 fases:

→ a fase positiva: levantamos o peso com a força dos músculos;

→ a fase estática ou isométrica: mantemos a posição de contração muscular;

→ a fase negativa: desaceleramos a descida da carga com a força dos músculos.

É um questionamento válido se perguntar quanto ao número de repetições que é preciso efetuar em uma série, mas saiba que não existe um número mágico para aumentar seus resultados. Além das repetições, o que conta é a intensidade de contração. A variação do número é apenas um meio de progredir, não uma finalidade em si. É conveniente, antes de tudo, adaptar o número de repetições de acordo com seus objetivos.

★ Objetivo: aumentar o volume muscular e ganhar peso

Como regra geral, a hipertrofia é obtida efetuando de 8 a 12 repetições. No entanto, se você puder realizar 13 repetições com um determinado peso (em vez de 12), não hesite em fazer isso. Porém, na série seguinte, será preciso aumentar a carga.

★ Objetivo: aumentar a força

Para ganhar força, é necessário efetuar entre 3 e 6 repetições.

★ Objetivo: aumentar a potência

A potência é obtida graças a movimentos explosivos, em séries de 8 a 10 repetições. Em séries explosivas, a série deve parar quando a velocidade de execução da repetição se desacelerar visivelmente.

★ Objetivo: trabalhar a resistência isométrica

As séries isométricas ou estáticas requerem entre 3 e 6 repetições.

Em uma luta corpo a corpo, aquele que tiver a melhor resistência isométrica se sairá melhor.

★ Objetivo: trabalhar o cardiorrespiratório para melhorar o condicionamento ou perder peso

Para a resistência, é preciso realizar circuitos de no mínimo 15 a 20 repetições.

⑩ A que velocidade executar as repetições?

♦ FASE DE FAMILIARIZAÇÃO COM A MUSCULAÇÃO

Para aprender bem a controlar a contração muscular, é melhor começar deslocando a carga relativamente devagar. Não é apropriado, no início, balançar excessivamente o tronco, torcendo e arqueando o dorso para erguer a carga. Isso pode resultar em maus hábitos difíceis de combater. Na melhor das hipóteses, o fato de executar o exercício errado desacelerará seu progresso. Na pior, você corre o risco de se lesionar. Na dúvida, desacelere o movimento em vez de acelerá-lo.

Para o trabalho pesado, é preciso erguer a carga com a força do músculo e sem precipitação:

→ leve de 1 a 2 segundos (inteiros) para levantar o peso;

→ relaxe lentamente o esforço e desça o peso em 1 a 2 segundos.

Uma repetição deve então levar de 2 a 4 segundos no total. Acelerando o movimento, você não usará a força de seus músculos, ainda que pegue mais pesado.

♦ EVOLUÇÃO

É preciso dominar a técnica básica antes de passar a estratégias diferentes. Após ter adquirido um bom controle muscular, os lutadores poderão acelerar o movimento para ganhar explosividade.

Isso não significa trapacear. Há uma linha muito tênue entre o treino explosivo e o exercício feito com pressa. Por essa razão, é preciso dominar bem a contração muscular antes de passar ao treino de explosão.

Uma repetição explosiva corresponde mais aos tipos de movimentos que são exigidos nos combates. De fato, é raro que um lutador se desloque lentamente e de maneira muito controlada. Em geral, ele se movimenta o mais rápido possível. É essa velocidade que o treinamento de explosão procura desenvolver.

Depois da fase de familiarização de algumas semanas, o ritmo das repetições deve ser modulado de acordo com seus objetivos.

★ Objetivo: aumentar o volume muscular e ganhar peso

É preciso erguer a carga com a força do músculo e sem precipitação:

→ leve 2 segundos (inteiros) para levantar o peso;

→ desça em 2 segundos.

Uma repetição deve então levar cerca de 4 segundos no total. Se você conseguir efetuar mais repetições aumentando a velocidade, é porque usou a inércia e não a força dos músculos.

★ Objetivo: aumentar a força

A velocidade de execução das repetições se acelera um pouco.

→ leve de 1 a 2 segundos para levantar o peso (sem que para isso você tenha que se contorcer);

→ diminua o esforço controlando sempre a carga, o que corresponde a uma descida entre 1 e 2 segundos;

→ entre as repetições, dê uma pausa de 5 a 10 segundos para que os músculos possam descansar e recuperar força (ver a estratégia de repouso entre as séries na p. 37).

Uma repetição deve então levar de 2 a 4 segundos no total (sem contar o tempo de repouso entre uma e outra).

★ Objetivo: aumentar a potência

A velocidade das repetições é acelerada para ganhar dinamismo.

→ leve 1 segundo para levantar o peso;

→ cesse o esforço, o que corresponde a uma descida de 1 segundo;

→ entre as repetições, dê uma pausa de 3 a 5 segundos para que os músculos possam descansar e recuperar a força.

Uma repetição deve então levar 2 segundos no total (sem contar o tempo de repouso entre uma e outra).

★ Objetivo: trabalhar a resistência isométrica

Em esforços isométricos, é preciso ir até o limite de suas forças, pois ter mais resistência isométrica:

→ em posição ofensiva fará a diferença entre dominar o adversário rapidamente e ele conseguir se soltar;

→ em posição defensiva o ajudará a se soltar do adversário.

A meta é manter a contração por pelo menos 30 segundos por repetição. Quando isso se tornar muito fácil, aumente a resistência.

★ Objetivo: trabalhar o cardiorrespiratório para melhorar o condicionamento ou perder peso

Para fazer mais repetições, utilize um pouco mais a inércia muscular sem, no entanto, abusar disso. Cada repetição será realizada de maneira muito dinâmica:

→ leve menos de 1 segundo para levantar o peso;

→ desça em menos de 1 segundo;

→ recomece imediatamente.

Uma repetição deve então levar no total menos de 2 segundos. Os músculos ficam contraídos permanentemente. Em nenhum momento eles devem relaxar. Quando a queimação tornar-se insustentável, dê uma pausa de alguns segundos em posição relaxada. Assim que o ácido lático se dissipar, retome com mais força até que a queimação volte a ganhar intensidade. Faça de novo uma curta pausa antes de recomeçar, e assim por diante.

⑪ Amplitude dos movimentos

A amplitude dos movimentos deve também ser modulada de acordo com seus objetivos.

★ Objetivo: aumentar o volume muscular e ganhar peso

A amplitude de deslocamento será a mais adequada possível, evitando distender demais os músculos para prevenir lesões.

Ao longo das séries, para poder aumentar a carga, reduza progressivamente essa amplitude, distendendo menos os músculos no início do movimento.

★ Objetivo: aumentar a força

A amplitude será, aqui, ligeiramente reduzida em relação ao treinamento para o volume muscular, em particular no início do movimento (alongamento).

Quando a carga é pesada, o alongamento constitui o momento em que os músculos estão mais suscetíveis a lesões.

Ao longo da série, você poderá reduzir levemente a posição de contração a fim de conseguir algumas repetições extras.

★ Objetivo: aumentar a potência

Sua amplitude de exercício deve corresponder à amplitude exigida em sua modalidade esportiva. É preciso ter cuidado com alongamentos extremos, pois podem causar lesões.

★ Objetivo: trabalhar a resistência isométrica

Não há amplitude de movimento para esse objetivo. O posicionamento muscular deve corresponder o mais estritamente possível ao que ocorre em combate ao se segurar um adversário.

★ Objetivo: trabalhar o cardiorrespiratório para melhorar o condicionamento ou perder peso

É conveniente conservar tensão da forma mais contínua possível nos músculos, o que implica que a amplitude do movimento nesse caso seja bem pequena.

12 Quanto tempo deve durar um treinamento?

O objetivo de um bom treinamento é estimular ao máximo os músculos no intervalo de tempo mais curto possível. Tomaremos cuidado para privilegiar mais a intensidade que a duração da sessão.

O primeiro critério que determina a duração do treinamento é seu tempo e sua disponibilidade. Se você não tiver muito tempo, saiba que é possível conseguir fazer uma sessão inteira em um tempo muito curto, com um treinamento em circuito, por exemplo. Para isso, 15 a 20 minutos bastam (veja as técnicas de condicionamento, p. 41 e seguintes, assim como os circuitos nos programas de treinamento, p. 135 e seguintes). No entanto, é preferível dispor de pelo menos 30 minutos. A duração de sua sessão vai depender de 2 parâmetros:

→ o volume de trabalho (número de exercícios + número de séries);

→ o tempo de repouso entre as séries.

É nesse último fator que você deverá se concentrar se não dispuser de tempo suficiente para treinar.

Uma sessão para o volume ou para a força deve idealmente durar de 45 minutos a 1 hora. Se você conseguir ultrapassar uma hora de treinamento, é sinal de que seu esforço não está sendo intenso o suficiente. No fim de um treino entre 45 minutos e 1 hora, seus músculos devem gritar por piedade.

13 Qual o tempo de repouso entre 2 séries?

O tempo de repouso entre as séries pode ser entre alguns segundos e 2 minutos, dependendo da dificuldade do movimento e de seus objetivos. É preciso ter:

→ mais repouso com movimentos difíceis, tais como o agachamento e o levantamento terra;

→ menos repouso com exercícios mais fáceis, como os específicos para o pescoço ou para o abdome;

→ mais repouso com carga muito pesada;

→ menos repouso quando a carga for leve.

Como regra geral, é hora de fazer outra série quando:

→ a respiração estiver quase normal;

→ você sentir que o entusiasmo se sobrepõe à fadiga.

Em um primeiro momento, controle o tempo com o uso de um cronômetro para respeitar bem o intervalo de tempo que estabeleceu. A cronometragem ajuda a manter um treino rigoroso. Registrando o tempo, você controlará melhor a intensidade e a duração total de seu treinamento.

Seu objetivo ajustará mais precisamente os tempos de repouso.

★ Objetivo: aumentar o volume muscular e ganhar peso

É inútil restringir excessivamente seus períodos de repouso. É preciso dar aos músculos o tempo necessário para recuperar bem sua força. Fazer um trabalho pesado em um músculo que não se recuperou o suficiente é contraproducente. No entanto, não é preciso se sobressaltar e atenuar o treinamento.

Uma boa base de início consiste em levar entre 45 segundos e 1 minuto de acordo com sua capacidade de recuperação. Porém, seria desnecessário esperar mais de 2 minutos entre as séries.

★ Objetivo: aumentar a força

Quanto mais pesado se trabalha, mais é preciso repousar para evitar sobrecarregar um músculo que não recuperou suficientemente sua força. Portanto, é necessário aumentar um pouco a duração do tempo de repouso.

Uma boa base de início consiste em levar de 1 a 2 minutos, de acordo com as cargas manipuladas. Porém, 3 minutos constituem o tempo de repouso máximo entre as séries.

★ Objetivo: aumentar a potência

Dê ao menos 30 segundos de repouso a seus músculos, considerando 1 minuto como a duração máxima de repouso entre as séries.

★ Objetivo: trabalhar a resistência isométrica

Dê um máximo de 30 segundos de repouso entre as séries.

★ Objetivo: trabalhar o cardiorrespiratório para melhorar o condicionamento ou perder peso

Os períodos de pausa entre as séries deverão continuar relativamente breves, não mais que 30 segundos. O objetivo é voltar a trabalhar os músculos que não puderam se recuperar o suficiente.

Uma boa estratégia consiste em reduzir progressivamente seus tempos de repouso ao longo das sessões, esforçando-se para manter (ou até aumentar) suas repetições. Por exemplo, se você tiver efetuado uma sessão com 30 segundos de repouso entre as séries, tente reproduzir o mesmo esforço com 25 segundos de repouso. Se após várias séries você não tiver mais a mesma energia, aumente o tempo de repouso de novo para 30 segundos. No próximo treino, tente fazer ainda mais séries (ou até todo o treino) com 25 segundos de repouso.

Depois de um tempo de adaptação, o ideal é poder treinar em circuito, ou seja, alternar diferentes exercícios sem um verdadeiro tempo de repouso. A única parada dada será na transição de um movimento para o outro. Ao longo da sessão, quando os circuitos se tornarem cada vez mais difíceis de serem realizados, permita-se uma pausa de 10 segundos entre cada exercício.

⑭ Determine a carga mais apropriada para cada movimento

Mais que o número de repetições ou de séries, é a resistência (ou a carga) que você usará em cada exercício que determinará a eficiência do treinamento. É muito importante usar uma carga adequada a suas capacidades físicas e seus objetivos.

No início, é difícil encontrar a resistência apropriada. Alguns exercícios são fáceis demais, enquanto outros parecem impossíveis de serem realizados. Hesitamos um pouco, mas essa fase de ajustes não é tempo perdido. Ela ajuda a desenvolver o que chamamos de "sensação muscular". Para encontrar a resistência certa para cada exercício, comece leve e aumente gradualmente a resistência. Veja aqui como 3 grandes "zonas" de cargas se distinguem:

→ A zona 1 consiste em cargas leves que exigem pouco esforço para ser manipuladas.

→ A zona 2 engloba as cargas que permitem ao mesmo tempo sentir bem seus músculos, trabalhar e efetuar o movimento com firmeza.

→ A zona 3 consiste em cargas que obrigam a "trapacear" para serem levantadas e que não permitem uma boa percepção do trabalho muscular.

O processo de seleção da resistência começa com o aquecimento. Um bom aquecimento permite calibrar o nível de resistência. É preciso sempre começar leve.

Uma primeira série de aquecimento deve ser realizada com um peso situado no meio da zona 1. A segunda série de preparação deve usar uma carga localizada no limite máximo da zona 1. Em seguida, são seus objetivos que determinarão as cargas.

Para as pessoas pouco instintivas, existem valores médios, determinados cientificamente. Os estudos de Jidovtseff (2009) mostram que com uma carga que constitui:

→ até 30% de sua força máxima, o atleta trabalha essencialmente sua velocidade;

→ de 30 a 50% de sua força, ele aumenta a potência-velocidade;

→ de 50 a 70% de sua força, ele eleva a potência-força;

→ acima de 70%, ele aumenta a força máxima.

★ Objetivo: aumentar o volume muscular e ganhar peso

Por volta de 75% das séries devem ser realizados com pesos da zona 2, aumentando gradualmente a carga de cada série (estratégia de meia-pirâmide, ver p. 35). Esse aumento deve lhe fazer passar do limite mais baixo da zona 2 a seu limite mais alto. Uma última série pode ser efetuada com uma resistência situada na fronteira baixa da zona 3. Manipular uma carga excessivamente pesada prepara o sistema nervoso para o próximo treinamento. Trata-se de uma técnica de intensificação chamada de "intervenção futura". Para evitar lesões, não exagere!

★ Objetivo: aumentar a força

Após o aquecimento, suas séries devem ser realizadas com pesos primeiramente no limite mais baixo da zona 3. Aumentando gradualmente a carga de cada série (estratégia de meia-pirâmide), você atingirá aos poucos o auge da zona 3.

★ Objetivo: aumentar a potência

Inicie no nível baixo da zona 2 aumentando gradualmente a carga a cada série para atingir o meio dessa mesma zona.

★ Objetivo: trabalhar a resistência isométrica

Inicie no meio da zona 3, aumentando gradualmente a carga a cada série para atingir o auge dessa mesma zona.

★ Objetivo: trabalhar o cardiorrespiratório para melhorar o condicionamento ou perder peso

Suas séries devem ser realizadas com pesos situados entre a parte superior da zona 1 e a parte inferior da zona 2. Não há aumento gradual de carga, uma vez que a meta é lutar contra a fadiga crescente que se instala por causa das séries feitas com pouco tempo de repouso.

> ⚠️ **ATENÇÃO!**
>
> As cargas devem ser diferentes para cada exercício.
>
> Quando encontrar a carga mais conveniente para um movimento, anote-a em um caderno de treino com o número de repetições. Na sessão seguinte, tente efetuar 1 ou 2 repetições a mais com esse mesmo peso.

15 Quando aumentar as cargas?

A carga que podemos manipular em cada movimento fica em constante variação. No melhor dos casos, sua força aumenta, o que permite utilizar cargas cada vez mais pesadas. Mas a tendência natural é querer antecipar essa aquisição de força e aumentar muito rapidamente os pesos. O resultado disso é uma degradação progressiva da forma de execução dos movimentos. Esses músculos darão a sensação de ser cada vez menos trabalhados. Por fim, você perderá sua motivação, pois o treinamento se tornará cada vez mais trabalhoso. Saber quanto e como aumentar as cargas constitui um fator fundamental para o progresso. Para determinar se seus músculos estão prontos para passar por um aumento de resistência, existem 2 critérios:

★ 1. O número de repetições: quando você superar o número-alvo de repetições estabelecido para a sua sessão, é hora de se perguntar se não deve aumentar a carga.

★ 2. A facilidade de manipulação da carga: quando você se sentir muito à vontade com uma carga, não hesite em aumentar o peso.

Como regra geral, o progresso mínimo permitido é de 1 ou até 2 kg. Não faz real diferença aumentar mais rápido, a não ser que você tenha atingido seu número-alvo com muita facilidade. Somente nesse caso é que aumentos mais significativos poderão ser almejados.

♦ ATENÇÃO PARA NÃO AUMENTAR RÁPIDO DEMAIS

Quanto mais aumentamos a resistência, mais corremos o risco de "trapacear" na execução do exercício usando o impulso. Uma elevação às vezes pequena da carga basta para afetar consideravelmente o estilo de execução do exercício. É melhor aumentar pouco a carga, mas com frequência, em vez de bruscamente e ter necessidade de vários treinos para sentir algum efeito.

♦ ADAPTE O AQUECIMENTO

Quanto mais força você ganhar e, portanto, começar com cargas pesadas já na primeira série, mais o aquecimento se tornará fundamental. Quando não somos muito fortes, as articulações, os músculos e os tendões não têm necessidade de muito aquecimento, já que a tensão exigida não é tão elevada. Mas ao longo dos progressos, convém aumentar o número das séries de aquecimento, pois a tensão à qual você submete os músculos se aproxima progressivamente de seu ponto de ruptura.

16 Qual o tempo de repouso entre os diferentes exercícios?

Entre 2 exercícios diferentes, recupere seu fôlego, valendo-se da mesma pausa usada entre 2 séries de um mesmo movimento. Aumente esse tempo, principalmente caso se sinta cansado no fim do treinamento. É preciso ainda assim passar de um exercício a outro o mais rápido possível para se manter concentrado e evitar que a sessão tome muito tempo.

Para o treinamento em circuito, os exercícios devem ser realizados sem repouso. Entre 2 circuitos, o ideal é se permitir um repouso mínimo, ou até nenhum repouso. Quando após alguns circuitos a fadiga se instalar, comece a fazer 15 a 30 segundos de repouso para conseguir executar 1 ou 2 circuitos extras.

17 Aprenda a selecionar os exercícios segundo sua anatomia e morfologia

Neste guia, selecionamos cuidadosamente os exercícios mais eficazes para lutadores. No entanto, nem todos serão necessariamente convenientes para você. De fato, as morfologias individuais são muito diferentes. Há pessoas altas, baixas, com braços e coxas longos ou curtos, ombros mais largos ou menos largos.

Para cada morfologia deve-se fazer uma escolha de movimentos específica. Nem todas as anatomias se adaptam a todos os exercícios. Dependendo da estatura, uma pessoa pode se dar bem com certos exercícios, menos com outros. Trata-se do conceito de anatomia e morfologia, fundamento do método de musculação Delavier.

♦ **DESIGUALDADE DIANTE DA DIFICULDADE**

Como as alavancas de cada um são diferentes, alguns atletas terão mais vantagens

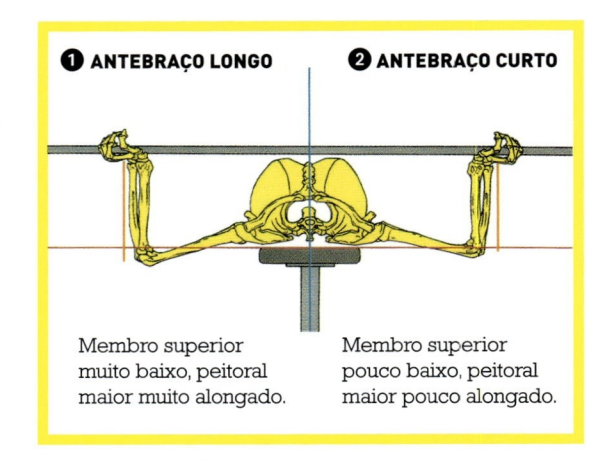

❶ ANTEBRAÇO LONGO   **❷ ANTEBRAÇO CURTO**

Membro superior muito baixo, peitoral maior muito alongado.

Membro superior pouco baixo, peitoral maior pouco alongado.

que outros. Por exemplo, um lutador com pouco alongamento terá facilidade no desenvolvimento deitado (supino) com pegada fechada, pois sua amplitude de movimento é reduzida. Porém, um lutador com um grande alongamento terá mais dificuldade, pois sua amplitude de movimento é muito maior. Mesmo com um peso corporal igual, ele deverá deslocar a carga por uma distância bem mais longa.

♦ **DESIGUALDADE DIANTE DO PERIGO**

Em função da morfologia, alguns exercícios podem ser mais perigosos que outros. Por exemplo, no agachamento, um lutador com pernas longas deverá se inclinar mais para a frente do que um atleta cujas pernas são curtas. Não é uma questão de má técnica de execução do movimento. É uma questão de morfologia. Com coxas curtas, é relativamente mais fácil manter as costas retas. Quanto mais longas forem as pernas, mais é preciso se inclinar para a frente a fim de manter o equilíbrio. Infelizmente, quanto mais nos inclinamos para a frente, mais chances temos de machucar as costas.

Quando for preciso levar em conta o parâmetro morfológico em sua seleção de exercícios, isso será mencionado na descrição específica do exercício.

Existem 3 maneiras complementares de selecionar seus movimentos:

INCLINAÇÃO DO TRONCO NO AGACHAMENTO CONFORME AS DIFERENÇAS MORFOLÓGICAS

❶ Tipo longilíneo: membros inferiores longos, tronco curto e muito inclinado, forte desequilíbrio.

❷ Tipo brevilíneo extremo (nanismo, acondroplasia): membros inferiores curtos, tronco longo e pouco inclinado, pouco desequilíbrio.

★ **1. Por eliminação:** alguns exercícios não serão convenientes à sua anatomia. É preciso eliminá-los completamente. Outros não convêm aos tipos de golpes que você dá. Esses dois parâmetros restringem as possibilidades, o que facilita a escolha. Porém, somente a eliminação não deve constituir o único critério de decisão. É preciso encontrar os exercícios que se encaixem em seu perfil.

★ **2. Por seleção:** para determinar a adequação entre sua morfologia e um exercício, o único meio é, muito frequentemente, experimentar o movimento.

★ **3. Por necessidade:** para melhorar sua eficiência especificamente em alguns golpes.

♦ **APRENDENDO A DIFERENCIAR OS EXERCÍCIOS**

Existem 2 grandes grupos de movimentos. Cada um possui seus pontos fortes e fracos. Usando os exercícios de um grupo em vez do outro de acordo com suas necessidades, você auxiliará seu processo de seleção dos exercícios.

★ **Os exercícios de base:** trata-se daqueles que envolvem simultaneamente várias articulações. Por exemplo, o agachamento (flexão das pernas) mobiliza os quadris, os joelhos e os tornozelos.

★ **Os exercícios de isolamento:** agrupam todos os movimentos que acionam somente uma articulação. Por exemplo, a rosca direta para o bíceps (flexão do antebraço sobre o braço) ativa apenas a articulação do cotovelo.

⚠ ATENÇÃO AO ISOLAMENTO MUSCULAR

Os exercícios clássicos de fisiculturismo tendem a centrar o trabalho mais em um grupo muscular que no corpo como um todo. É preciso evitar esses maus hábitos de centralização, pois em um combate:

➜ todos os músculos estão sob tensão e não somente alguns;

➜ quanto mais complexo for o movimento, mais a força será dividida, principalmente se não tivermos o hábito de treinar todo o corpo de maneira global.

Dessa forma, as pesquisas científicas mostram que a potência nas coxas pode diminuir até 40% quando contraímos simultaneamente os braços em relação a um movimento isolado de coxa (Takebayashia, 2009). Esse déficit de força pode ser agravado por um treino de isolamento. Somente um trabalho muscular o mais global possível estruturado sobre os exercícios de base pode contornar isso.

Conclusão: os programas para a luta devem ser compostos essencialmente de exercícios de base, pois eles permitem um trabalho intenso da maior quantidade de grupos musculares possível em um mínimo de tempo. Exercícios de isolamento podem ser adicionados aos exercícios de base para enfocar em zonas sensíveis que se queira reforçar (pescoço, antebraço, abdome...).

Os exercícios de base são mais eficazes que os exercícios de isolamento. Efetivamente, em um combate, os músculos trabalham todos em conjunto e não um por um de modo isolado. Se fosse necessário reproduzir o trabalho dos exercícios de base apenas com exercícios de isolamento, muito tempo seria perdido. Por exemplo, em vez de realizar o desenvolvimento deitado (supino) com pegada fechada, seria preciso efetuar um exercício de isolamento para os peitorais + um de ombro + um de tríceps.

18 Quando trocar seu programa?

Alguns atletas têm necessidade de repetir sempre o mesmo programa de treinamento. Isso é compreensível. Se encontramos um programa conveniente, por que trocá-lo? Outros procuram constantemente a novidade. É impossível saber *a priori* em qual desses dois grupos você estará; provavelmente entre os dois, como a grande maioria das pessoas. Mas o estado de espírito em que você está costuma refletir muito fielmente o que é bom para seus músculos.

Existem 2 critérios objetivos que mostram a necessidade de mudar um programa:

★ **Estagnação ou regressão da força:** quando sua velocidade de progresso passa por uma interrupção brusca, é que algo não está mais indo bem. Não estamos falando aqui de apenas um treino improdutivo, mas de uma tendência de pelo menos uma semana. Uma mudança de treinamento, no caso, mostra-se necessária.

★ **Tédio:** quando você perder o interesse pela musculação, é sinal que o programa está monótono demais. É preciso mudar!

♦ **CONCLUSÃO**

Não há regra quanto à periodicidade de mudança de programa. A partir do momento em que seu treino dá resultados regulares, por que modificá-lo? Acabará chegando um momento em que a necessidade de modificação será sentida por si só.

19 Em qual período do dia treinar?

Alguns preferem treinar de manhã, outros à tarde ou ainda à noite. De fato, o nível de força varia em função do momento do dia. Alguns têm mais força pela manhã e menos à tarde. Para outros, é o contrário. Essas flutuações de origem psicológica são muito normais. É raro encontrar atletas que tenham força constante durante o dia todo. O ideal, é claro, é treinar no momento em que seus músculos estiverem mais potentes. Para a maioria dos atletas, a força chega ao auge por volta das 18 ou 19 horas. Essa faixa de horário pode ser ideal, já que é nesse momento que várias pessoas treinam.

> ⚠ **ATENÇÃO!**
>
> Pode acontecer de seu horário de treinamento ser fixado pelas necessidades de sua rotina, e não de acordo com os sinais de seu corpo. Mesmo que você não treine no momento ideal para seu corpo, a regra é sempre treinar no mesmo horário todo dia. Seus músculos se acostumarão assim a dar seu melhor a partir da hora determinada.

20 Como integrar a musculação no treino de luta?

A integração de um programa de musculação no treino de luta constitui um ponto crítico, sobretudo quando começamos com os pesos. A adição de uma sobrecarga de trabalho a seu treino de luta vai aumentar suas necessidades de recuperação e corre-se o risco, em um primeiro momento, de gerar fadiga.

Não se deve então inserir a musculação de qualquer modo. Os 4 casos a seguir podem ser usados como modelo para programá-la:

★ **Pouco antes do treinamento de luta:** nós desaconselhamos isso, porque a fadiga muscular poderia reduzir sua aprendizagem técnica do combate.

★ **Logo depois do treinamento de luta:** mesmo que você esteja menos forte nesse momento, trata-se da integração mais fácil a ser seguida.

★ **De manhã, se o treinamento de luta acontecer à tarde (ou vice-versa):** você ficará menos cansado espaçando as 2 sessões, mas uma carga de trabalho excessiva gera o risco de causar sobretreinamento.

★ **Nos dias em que não se luta:** trata-se de uma combinação ideal se você tiver tempo e se você não treinar luta todos os dias.

Essas quatro possibilidades de integração apresentam vantagens e desvantagens. Não há uma fusão perfeita e universal. Considere as possibilidades dentro de sua disponibilidade de tempo e opte por aquela que apresentar o maior número de vantagens para você.

FUNÇÃO DA PERIODIZAÇÃO

A periodização do treinamento é um conceito que se aplica aos lutadores que competem. Ela parte da constatação de que o preparo físico deve variar paralelamente aos períodos de competições. Como a temporada do atleta raramente dura um ano inteiro, seu desempenho deve estar no auge na fase de competição. O resto do tempo (períodos de não competição) é usado para o trabalho de manutenção e/ou de recuperação.

Três possibilidades são oferecidas aos atletas entre temporadas:

→ Reduzir seu volume de trabalho para se recuperar.

→ Aproveitar para dobrar os esforços na musculação, buscando assim melhorar seu desempenho. Essa estratégia permite reduzir seu volume de treino com pesos na fase de preparo para as competições.

→ Escolher não periodizar seu treino, mantendo o mesmo esforço da fase de competições. Trata-se, entretanto, da estratégia mais arriscada quanto ao fator recuperação.

A escolha de uma dessas estratégias é uma decisão pessoal que deve levar em conta sua capacidade de recuperação, seus objetivos e o estado físico de suas articulações, tendões e músculos.

Se você escolher a periodização, três estratégias diferentes são então desejáveis:

♦ **PERIODIZAÇÃO GLOBAL**

Você escolhe parar de treinar de maneira periódica. Essa fase de repouso total pode ser repetida de 1 a 4 vezes por ano. Por exemplo, você pode fazer 1 a 2 semanas de repouso depois de 3 meses de musculação contínua.

★ **Vantagens:** os músculos e principalmente as articulações podem se recuperar. Mentalmente, você tem a possibilidade de relaxar e de recomeçar com novo entusiasmo.

★ **Inconvenientes:** acontece frequentemente de as semanas de repouso se tornarem meses ou até anos. Uma parada seguida de uma retomada requer uma disciplina que nem todo mundo tem. É preferível para alguns nunca parar sob risco de não conseguir retomar. Quanto mais longa for a parada, mais difícil será a retomada. É preciso também ficar muito atento a sua alimentação, se não quiser adquirir tecido adiposo.

♦ PERIODIZAÇÃO DESEJADA

Em vez de parar totalmente, por que não focar o trabalho em um ou dois grupos musculares, ao mesmo tempo diminuindo o esforço sobre um ou dois outros músculos? Por exemplo, você trabalha as coxas a fundo durante 1 mês, mas alivia a musculação do tronco. Isso permitirá que seus ombros e cotovelos se recuperem. No mês seguinte, você dá ênfase ao tronco e diminui o volume de trabalho das coxas.

★ **Vantagens:** essa rotação dos grupos musculares permite uma recuperação desejada sem que haja descondicionamento muscular, que decorre de uma parada total do treinamento. Nenhum esforço precisa ser feito para retomar o treinamento e há pouco risco de acumular gordura. Não há perda de tempo com períodos de repouso supérfluos.

★ **Inconvenientes:** você está constantemente se exercitando, sem a possibilidade de uma pausa mental. Essa estratégia é muito usada em caso de lesão. Se um joelho está machucado, a musculação das pernas deve ser mais leve e o trabalho se concentra no tronco.

♦ NENHUMA PERIODIZAÇÃO

Trata-se da estratégia mais simples e mais popular. O esforço é mantido continuamente. Se você não estiver sofrendo de sobretreinamento, por que parar? Apenas um ajuste pré-competição deve ser realizado.

★ **Vantagens:** se você dosar bem o esforço, o progresso é contínuo e sem perda de tempo nem regressão nas fases de repouso.

★ **Inconvenientes:** as articulações não têm tempo de se recuperar e, geralmente, é tarde demais quando começamos a nos preocupar com isso.

♦ CONCLUSÃO

Cabe a você, de acordo com sua capacidade de recuperação, escolher uma estratégia de preparação. O ponto fraco da periodização é que ela consiste em prever como seu corpo vai reagir no futuro. Essas previsões são feitas em função do que você fez no passado. As chances de erro em matéria de previsão do futuro são sempre muito significativas.

Nossa filosofia diante da periodização é simples: quando você se sentir bem, aproveite para se dedicar ao máximo no treinamento, pois haverá muitas sessões em que você não poderá, fisicamente, dar tudo de si.

TÉCNICAS DE AQUISIÇÃO DE FORÇA E DE POTÊNCIA

Existem várias técnicas de aquisição de força. Nem todas são adequadas para as práticas de combate. Algumas podem até se mostrar contraproducentes para lutadores. Selecionamos aqui apenas as mais eficazes para os esportes de combate.

OS 8 PRINCÍPIOS FUNDAMENTAIS DA PREPARAÇÃO MUSCULAR PARA A LUTA

A prática da musculação subentende que haverá uma correspondência direta entre a aquisição de força na sala de musculação e o aumento do desempenho em combate. Para um iniciante, geralmente essa correspondência é facilmente verificada, mas quanto mais seu nível de luta aumentar, mais difícil será mantê-la de forma ideal. Para assegurar que a correspondência seja ideal, é preciso que o trabalho de musculação desenvolva as qualidades físicas exigidas durante o combate. Por isso, é primordial seguir o mais fielmente possível os 8 pontos apresentados a seguir.

1 Ambiente do combate

Vários movimentos muito populares em musculação não correspondem aos golpes que ocorrem durante a luta. É o caso do desenvolvimento deitado (supino) com pegada aberta, por exemplo. Apesar de esse exercício poder ser útil para um iniciante que não tem muita força, não é adequado para um lutador experiente. De fato, é raro desferir um soco enquanto as escápulas estão estabilizadas por um banco (ou o solo). Para melhorar seu combate em pé, é preciso executar seus exercícios de musculação em pé e sem apoio para as escápulas,

para que a correspondência aconteça da melhor forma possível.

2 Orientação do gesto

Por exemplo, se um iniciante deseja fazer o desenvolvimento deitado, ele deve evitar o erro clássico que consiste em efetuá-lo com a pegada aberta, como no fisiculturismo. O "aberto" não corresponde em nada aos golpes levados durante os combates, pois raramente se bate para fora. É preciso adequar sua extensão de pegada à sua extensão de ataque, ou seja, adotar uma pegada fechada.

3 Orientação da força

Ao dar um soco, é preciso vencer uma resistência horizontal. É então inútil boxear com halteres, que oferecem resistência vertical. Uma faixa elástica paralela ao solo ou um aparelho com cabos é muito mais apropriado.

4 Lateralismo da luta

O desenvolvimento deitado, por exemplo, é um exercício executado com os dois braços ao mesmo tempo. No entanto, o lutador não bate simultaneamente com seus dois punhos. É então preferível executar o desenvolvimento com um braço por vez. Porém, quando agarramos um adversário no solo, utilizamos os dois braços ao mesmo tempo, o que corresponde a um levantamento terra. A imobilização de um adversário no solo com as coxas resulta sempre em um movimento bilateral. A escolha dos exercícios de musculação deve então ser feita segundo o caso, considerando a lateralidade do movimento.

⑤ Amplitude dos movimentos

Os exercícios de musculação devem corresponder à amplitude dos gestos efetuados no combate. É inútil fazer movimentos mais amplos. Movimentos mais curtos podem ajudar a ganhar força, sem a necessidade, porém, de constituir a maior parte do treinamento.

⑥ Tipos de contração necessários durante a luta

Os exercícios de musculação clássicos consistem na realidade em um vaivém ritmado de contrações. Essa sucessão harmoniosa corresponde perfeitamente a esportes de corrida, por exemplo. Mas, em uma luta, a sucessão dos movimentos se efetua de maneira muito mais incerta, frequentemente com alguns segundos de pausa entre os golpes. É esse tipo de sucessão aleatória que precisará ser treinado.

⑦ Velocidades de execução dos movimentos

A velocidade de deslocamento de seus pesos na musculação deve corresponder àquela encontrada no combate: explosiva para dar um golpe; com um pouco mais de força quando se trata de derrubar um adversário ou de virá-lo; isométrica (quase sem movimento) para realizar muitas manobras de solo: imobilização, chave de braço e defesa. É preciso então treinar com várias velocidades de movimento.

⑧ Tipos de força exigidos em luta

A força é definida como um termo genérico que agrupa realidades muito diferentes. É conveniente, então, analisar os principais movimentos de luta para definir quais são as qualidades musculares que você deverá desenvolver prioritariamente.

ANÁLISE DOS 5 TIPOS DE FORÇA MAIS UTILIZADOS EM COMBATE

O lutador precisa desenvolver 5 forças principais:

❶ Força máxima

O lutador deve atingir um nível de força crítico que lhe permitirá contra-atacar um adversário, sobretudo se ele tiver pouca técnica. É melhor dar ao oponente a impressão de que ele enfrenta um adversário forte, tal como um rolo compressor. Para isso, as cargas de peso manipuladas na musculação devem ser bem superiores àquelas observadas em combate.

❷ Força de início

Para desferir um golpe ou bloquear um ataque, é preciso que os músculos reajam muito rapidamente. Além dos reflexos, essa rapidez dos golpes depende da velocidade de propagação da força nos músculos. Trata-se de uma qualidade muscular que se trabalha (ver o quadro sobre a RFD a seguir).

A potência de seus golpes depende da RFD (*Rate of Force Development* ou velocidade de propagação da força no ventre do músculo). Uma boa RFD permite uma difusão muito rápida da força pelos músculos.

Para entender bem o conceito de RFD, imagine que você deve lançar uma bola pequena. A dificuldade não está no peso, pois a bola é muito leve, mas na capacidade de reunir rapidamente o máximo de força para transmiti-la para a bola. É esse o diferencial de um bom lançador, já que, iniciado o lançamento, o tempo antes de o braço ser estendido e a bola ser jogada é muito curto. As pessoas que não lançam longe não estão sem força. O fato é apenas que sua velocidade de propagação de força é lenta demais, o que não permite que o braço transmita muita potência à bola.

Essas pessoas têm, em geral, um desempenho melhor com uma bola mais pesada, porque quanto mais pesada for a bola, mais lento é o gesto, o que dá mais tempo para que sua força se propague pelo músculo.

É o mesmo processo para o golpe. No boxe, um bom soco leva entre 50 e 250 milissegundos para ser desferido. No entanto, são necessários de 600 a 800 milissegundos para que um músculo atinja sua força máxima. Uma pessoa sedentária pode recrutar em média 15% de sua força em 50 milissegundos, enquanto um atleta de bom nível recruta 26% no mesmo intervalo de tempo (Tilin, 2010). Essa diferença é explicada por um ritmo de propagação de força duas vezes mais rápido nos campeões.

Uma vez que o braço começou a se mover, temos muito pouco tempo para mobilizar sua força e transmiti-la ao punho. Somente uma fração da potência total poderá se exprimir em menos de 250 milissegundos. Os atletas que batem mais forte são aqueles que possuem a melhor RFD. Trata-se de uma qualidade que depende em grande parte do sistema nervoso (então da genética), mas que melhora com o treinamento, em particular com a musculação.

Se você não transmite mais que 15% de sua força em um golpe, é possível torná-lo mais eficaz aumentando sua força máxima. Se sua força máxima passar de 50 a 100 kg, seu golpe será duas vezes mais potente mesmo com um ritmo pobre de propagação da força. O ideal deve ser, é claro, aumentar ao mesmo tempo a força máxima e a RFD.

Para os iniciantes, 14 semanas de musculação com cargas pesadas que permitam efetuar entre 3 e 10 repetições aceleram a RDF em:

→ 23%, em uma contração de menos de 50 milissegundos;

→ 17%, nos 100 a 200 milissegundos seguintes.

A força máxima aumenta em 16% (Aagaard, 2002).

Existem técnicas de intensificação mais específicas que o simples uso de carga pesada para desenvolver a RFD, que é o que abordaremos a seguir (ver "Trabalho da força isométrica", p. 39).

③ Força isométrica

Para bloquear, dominar ou estrangular um adversário, é preciso que os músculos sejam fortes e resistentes em contração estática.

④ Força explosiva pliométrica

Ela se exprime em sua capacidade de rebote (jogo de pernas ou recuo de braços e pernas para preparar um golpe). Com exceção do jogo de pernas, quanto mais seu nível aumentar, menos essa força terá importância. Efetivamente, quanto mais se arma o braço ou a perna antes de um golpe, mais o adversário é capaz de se antecipar a ele.

5 Força/resistência dinâmica

Não se deve ser forte durante apenas 1 minuto. O lutador precisa conservar o máximo da potência em todos os *rounds*, em decorrência de um trabalho de força e resistência (ver p. 41 e as seguintes).

♦ **CONCLUSÃO**

É preciso avaliar as porcentagens de utilização de cada uma dessas forças seguindo suas técnicas de combate. Seu programa de musculação deve trabalhar cada uma delas em função de sua respectiva importância. Veremos a seguir as técnicas de intensificação mais eficazes para desenvolver essas forças.

OS SEGREDOS DE UM GOLPE EFICAZ

Para ser eficaz, um golpe amplo se desenvolve em 3 fases:

★ **1. Contração muscular rápida, mas breve** para iniciar um movimento do modo mais vigoroso possível.

★ **2. Relaxamento muscular** para que o braço ou a coxa ganhe velocidade e amplitude sem empecilho por parte dos músculos antagonistas (bíceps e costas que freiam um soco, ou a região posterior da coxa que desacelera um chute).

★ **3. Recontração muscular** bem antes do impacto, para produzir uma força crítica que provoque o máximo de destruição possível (McGill, 2010).

Consequências práticas para a musculação

Na musculação, é difícil reproduzir essa tripla sequência com uma única técnica de intensificação. Para não limitar a correspondência dos ganhos de força e potência, é conveniente combinar várias técnicas de intensificação e não se limitar ao trabalho com cargas pesadas. Ainda que o fato de usar uma resistência crescente constitua um meio eficaz de aumentar a força de seus golpes, não se trata de uma estratégia perfeita. Como não há fase intermediária de

relaxamento, em longo prazo as cargas pesadas atrapalham a aprendizagem motora de seus golpes.

Essa imperfeição explica por que as pesquisas científicas mostram que um trabalho exclusivamente "pesado" acaba diminuindo a velocidade dos golpes do lutador após um período de 12 a 18 semanas (Siff, 1999).

É por essa razão que você não deve realizar apenas um treinamento "pesado" para progredir.

Como trabalhar as qualidades requeridas para um golpe eficaz?

Somente uma combinação meticulosa de diversas técnicas de intensificação resultará na melhora das 3 fases que proporcionam eficiência a um golpe.

★ **1. As cargas pesadas** aumentam a força, ou seja, a eficiência do golpe no início e no impacto.

★ **2. O trabalho em "stop and go" e com faixas elásticas** aumenta a velocidade de propagação da força.

★ **3. O treinamento explosivo com cargas médias** acelera a velocidade de relaxamento muscular.

O ideal é terminar sua fase de contração explosiva golpeando algo para conservar a sequência de recontração final. Na realidade, quando você pratica o treino de explosão com peso ou simplesmente *shadow boxing*, são seus próprios músculos antagonistas que param o punho ou o pé. Contudo, essas duas técnicas de treino vão contra o ciclo contração-relaxamento descrito aqui. Elas são igualmente contraproducentes no que se refere à fase de recontração muscular antes do impacto. Por outro lado, a contração dos músculos antagonistas para parar o golpe alerta o lutador a não bater tão forte quanto possível durante o impacto.

Para reduzir o grau de estresse neuromuscular da musculação nos golpes, é bom concluir os treinamentos com uma breve sessão no saco de pancada.

Evoluir em meia-pirâmide para obter força

A série de um exercício de musculação deve ser concentrada em uma progressão em meia-pirâmide. É preciso começar com uma resistência modesta e um número de repetições alto (25, p. ex., efetuadas facilmente) para aquecer bem os músculos e as articulações, assim como o sistema cardiovascular. Para a segunda série, o peso deve ser aumentado para obter facilmente 15 repetições. Essas duas séries de aquecimento servem de pré-condicionamento para os músculos.

A parte mais importante começa em seguida: adicione resistência para atingir o auge do número de repetições fixado em função de seus objetivos. Ao longo das séries, aumente gradualmente a resistência e, em seguida, a dificuldade do exercício, enquanto, em paralelo, o número das repetições diminui. Quando o peso não permitir mais atingir nem a faixa mais baixa de seu número de repetições-alvo, passe para outro movimento.

No fisiculturismo, para a última série, é frequente abaixar a carga até atingir 15 a 20 repetições para sobrecarregar ao máximo os músculos. Como a sobrecarga é uma catástrofe para o lutador, é prudente treinar apenas em meia-pirâmide (só aumentar a carga) em vez de em pirâmide completa (aumentar antes de voltar a diminuir os pesos).

COMO RESPIRAR DURANTE A MUSCULAÇÃO?

A respiração influencia o desempenho quando:
→ o bloqueio da respiração permite aos músculos propagar toda sua potência;
→ a expiração diminui ligeiramente a força;
→ a inspiração enfraquece fortemente os músculos.

Essas reações fisiológicas são perfeitamente ilustradas pela estratégia adotada pelos campeões de braço de ferro. Eles esperam que seu adversário inspire para bloquear a própria respiração e liberar toda a força antes de vencer. Em outras palavras, eles mobilizam toda sua potência bloqueando sua respiração no momento em que o adversário está inspirando (o momento de enfraquecimento muscular).

O bloqueio da respiração é um reflexo natural. A força, os tempos de reação, a precisão do gesto e a concentração são brevemente melhorados durante o bloqueio. Outra vantagem do bloqueio é que ele enrijece a coluna vertebral, o que protege a região lombar quando as costas sofrem uma pressão significativa.

Respiração durante um trabalho pesado

Quanto mais trabalhamos com cargas pesadas, mais será preciso explorar as propriedades do bloqueio para melhorar o desempenho. O ideal é bloquear a respiração o mais brevemente possível. Esse curto instante de bloqueio deve corresponder exatamente ao momento em que o movimento está mais difícil. Por exemplo, quando trabalhamos os bíceps erguendo as mãos em direção aos ombros, o momento em que os antebraços estão paralelos ao solo é o mais trabalhoso; antes e depois desse ângulo, o movimento é mais fácil. Seria contraproducente bloquear sua respiração em todo o levantamento de peso; é preciso apenas fazer isso durante a fração de segundo em que os antebraços estão paralelos. Por outro lado, o que não se deve fazer, sobretudo, é inspirar nesse momento. Inspire o máximo possível entre as repetições ou durante a fase mais fácil do movimento (a descida da carga).

Cerre os dentes para ganhar potência

Todos os nossos músculos são feitos para trabalhar juntos, e não separadamente. Não surpreende que sejamos naturalmente propensos a uma certa contorção quando um exercício de musculação se torna difícil. As pesquisas científicas descobriram que a força aumenta cerca de 5% quando cerramos os dentes. Acontece o mesmo quando cerramos o punho.

Uma das explicações é que os reflexos nervosos são exacerbados em decorrência disso (manobra de Jendrassik). Essa constatação fica particularmente nítida no nível das coxas, com um aumento do ritmo da propagação da força em 19% (Ebben, 2008). Nos braços, essa elevação atinge 15% (Ebben, 2008).

ADAPTAÇÃO DA MUSCULAÇÃO ÀS EXIGÊNCIAS DA LUTA

Para uma correspondência melhor, cabe à musculação adaptar-se às exigências do lutador, e não o inverso. Comparados aos movimentos de musculação, os golpes desferidos durante um combate são muito diferentes:

→ seu ritmo de sucessão de movimentos é descontínuo, diferentemente dos de musculação que são ritmados;

→ os períodos de "repouso" entre dois golpes são aleatórios, enquanto na musculação as repetições são executadas sem muito repouso;

→ o lutador faz tudo para evitar o ácido lático muscular e não sobrecarregar os músculos, enquanto o fisiculturista procura ao mesmo tempo a queimação e a sobrecarga. Para atenuar essa tripla diferença, duas técnicas de intensificação são apropriadas.

❶ O "stop and go": para acelerar a força de início

O "stop and go" consiste em efetuar uma pausa de 1 a 2 segundos em cada repetição. Por exemplo, durante as flexões de braço, ficamos alongados no solo 1 segundo relaxando os músculos antes de dar o impulso que desencadeará a contração. O objetivo dessa pausa é eliminar o acúmulo de energia elástica que se instala durante a fase de descida de uma flexão.

A pausa deve ser efetuada quando se está na parte baixa do exercício para que a repetição comece em uma fase positiva (empurrando o peso) em vez da negativa (descida), porque é assim que os golpes são desferidos em direção ao adversário.

O "stop and go" apresenta 5 vantagens para o lutador:

★ **1. É muito útil para melhorar a força de início.** Os músculos devem se contrair potentemente, pois não se beneficiam da energia elástica armazenada na fase negativa.

★ **2. É importante trabalhar a força de início de um músculo em quase repouso** em vez de um músculo já contraído, já que este último caso é mais raro durante uma luta.

★ **3. O trabalho combinado** da força de início e a força de aceleração permitem ganhos em velocidade.

★ **4. O tempo de repetição** ritmado da musculação clássica favorece a sobrecarga muscular, o que não é bom. O ritmo intercalado de pausas do "stop and go" minimiza a sobrecarga e o acúmulo de ácido lático.

★ **5. O tempo intercalado** imita melhor as condições do combate que a musculação clássica.

② Repouso entre as séries

A tendência natural consiste em querer fazer as repetições o mais rapidamente possível. Essa tática do fisiculturismo não é, porém, ideal para um lutador. Quando as repetições se sucedem sem repouso, a fadiga chega rapidamente, pois o fluxo sanguíneo fica bloqueado. Resíduos metabólicos como o ácido lático se acumulam, o que provoca uma diminuição de força. Além disso, o músculo começa a se sobrecarregar.

Se você treinar seus músculos de modo a sobrecarregá-los como no fisiculturismo, você prejudicará sua mobilidade nos combates.

É preciso então fazer tudo para que seus músculos não se habituem a sobrecarregar. Uma pausa entre cada repetição minimiza a sobrecarga induzida pela vasoconstrição da corrente sanguínea. O sangue circulará mais livremente, o que evitará a asfixia e permitirá ficar mais forte, por mais tempo. A longo prazo, a limitação da asfixia muscular reduz a transformação das fibras de tipo 2 (rápidas) em fibras de tipo 1 (de contração lenta), o que evita perder explosividade.

⚠ ATENÇÃO À FALHA MUSCULAR

A filosofia do repouso entre as séries consiste em fazer tudo para evitar a fadiga em vez de ir desejá-la como no fisiculturismo. Para poder treinar muito sem ficar exausto, o lutador será alertado a evitar "a falha" (fadiga temporária do sistema neuromuscular). Como bem evidencia Charlie Francis, o antigo treinador de Ben Johnson, um esforço que atinge 100% requer 10 dias de recuperação, enquanto ao estimular apenas 95% de suas capacidades, somente 48 horas de recuperação serão requeridas entre 2 treinamentos. Isso explica por que as pesquisas científicas mostram a inutilidade, entre os iniciantes, de fazer séries até a falha muscular. Buscar o esgotamento é mais apropriado para o trabalho da massa muscular que para adquirir força ou potência.

As técnicas de recuperação entre as séries permitem treinar o mais pesado possível sem esgotar seu sistema nervoso. Assim, você poderá realizar em um intervalo de tempo mais curto diversos treinamentos, minimizando os riscos de exaustão física.

Com 15 segundos de repouso entre cada repetição, os músculos podem atingir até 80% de sua força inicial (Haff, 2003). Com um mesmo peso e uma duração de repouso similar, o fato de pausar entre as repetições em vez de executá-las sucessivamente aumenta imediatamente a força em 30% (Denton, 2006).

Repousando 15 a 20 segundos entre duas repetições, você poderá treinar mais pesado e então ganhar força mais rapidamente.

Treinamento explosivo

O treinamento explosivo com cargas leves (cerca de 30% da carga máxima) apresenta uma dupla vantagem para o lutador, melhorando:

→ a potência, pois essas cargas permitem aperfeiçoar a velocidade de contração dos músculos;

→ a capacidade de relaxamento muscular durante um movimento.

De fato, o que diferencia os bons lutadores e os iniciantes é a velocidade de relaxamento muscular que é 8 vezes mais rápido nos campeões. Em um indivíduo pouco treinado, a velocidade de relaxamento dos músculos é muito lenta para que a perna e/ou o punho ganhem velocidade suficiente quando dão um golpe. Mantendo os músculos antagonistas contraídos, desaceleramos automaticamente o movimento. Esse conflito muscular retarda o impacto, reduzindo a eficiência do ataque e facilitando a esquiva por parte do adversário.

Treinando de modo explosivo, o lutador poderá acelerar a velocidade de relaxamentos de seus músculos após uma fase de contração potente. Porém, o trabalho pesado continua sendo efetivamente apropriado para melhorar um soco curto ao longo do qual não há fase de relaxamento.

Vantagens do treinamento com faixas elásticas

A resistência conseguida por uma faixa elástica é muito diferente da fornecida por um haltere. Quanto mais esticamos uma faixa elástica, mais a resistência aumenta. Por outro lado, se levantarmos um haltere de 10 kg, este pesará sempre 10 kg como no início, como no meio ou no fim do movimento.

As faixas elásticas, fornecendo uma resistência crescente, possibilitam:

→ trabalhar a força de aceleração;

→ inibir a intervenção dos músculos antagonistas que freiam os golpes;

→ melhorar a força de impacto.

Além disso, o sentido da resistência conseguida por um elástico varia em função do posicionamento da faixa. Ela pode estar na horizontal, vertical ou em 45 graus, e não somente vertical como os pesos. A aplicação prática para um lutador é que embora boxear com halteres nas mãos seja inútil, boxear com uma faixa elástica será eficaz.

Para lutadores, um treinamento de soco de 8 semanas com uma faixa elástica como forma de resistência acelera em 17% a velocidade do golpe (Dinn, 2007).

De qualquer forma, as faixas inibem a sequência do relaxamento intermediário, o que significa que você não deverá treinar apenas com elásticos para não interferir na aprendizagem motora de seus golpes.

♦ **CONCLUSÃO**

Não seria prudente opor a resistência elástica à fornecida pelos pesos. As duas têm suas vantagens, não há uma que seja superior à outra. O ideal é alternar ou combinar as duas para obter o melhor de cada uma. Você encontrará, na segunda parte deste livro, um grande número de exercícios com elásticos ou com elásticos e pesos.

Trabalho da força isométrica

Para os esportes de combate que se desenvolvem em totalidade ou em parte no solo ou dentro de um ringue, a força/resistência estática (também chamada isométrica) é essencial. A isometria consiste em uma contração muscular que se efetua sem movimento. Trata-se de uma qualidade muscular que combina força e resistência. Se ela possui influência em sua modalidade esportiva, deve ser trabalhada de maneira bem específica.

★ **1. A isometria ofensiva:** seguramos um adversário para bloqueá-lo, estrangulá-lo ou dominá-lo. Para melhor realizar essas ações, é preciso efetuar muitas contrações estáticas para os peitorais e os bíceps.

★ **2. A isometria defensiva:** resistimos ao abraço do adversário pressionando o corpo contra o solo ou o octógono. Se o adversário for mais forte, passamos da contração estática a uma contração negativa, o que assinala que estamos perdendo o "braço de ferro". Para que isso não aconteça, é preciso treinar as costas, ombros e tríceps de maneira estática.

Os músculos-chaves, tanto para a defesa como para o ataque, são os adutores e o tibial anterior. Trata-se dos dois únicos grupos musculares que é preciso treinar apenas de modo estático.

A isometria da luta se desenvolve em 2 fases:

★ **1. A isometria explosiva:** no contato, é conveniente que a capacidade de mobilizar 100% de sua força seja a mais rápida possível. O trabalho de RFD é muito importante para que o adversário tenha o mínimo de tempo possível para se soltar ou para firmar sua pegada. É preciso trabalhar a isometria explosiva por oposição à isometria lenta, na qual a resistência aumenta pro-gressivamente (p. ex., um *scrum* no rúgbi, em que a tensão dos adversários aumenta antes mesmo da introdução da bola no jogo). Para isso, utilize pesos superiores à força máxima que você tentará repelir com brutalidade e raiva.

★ **2. A resistência isométrica** entra então em jogo. O primeiro lutador que se cansa fica em posição de fraqueza. É preciso treinar para manter a contração isométrica o máximo de tempo possível (pelo menos 30 segundos).

Inicie com contrações explosivas que você sustentará por 5 a 10 segundos. Ao longo das sessões, aumente progressivamente a duração das repetições.

Se você tiver uma fraqueza em:

→ **isometria explosiva:** é preciso levar de 15 a 30 segundos de repouso entre as repetições para trabalhar bem a força sobre o músculo o menos fadigado possível;

→ **resistência isométrica:** faça intervalos de repouso mais curtos (5 a 10 segundos) entre as repetições para voltar a trabalhar sobre a fadiga muscular.

Nos dois casos, uma única série por exercício, compreendendo o máximo de repetições, é suficiente. A série acaba quando você sentir que sua força se exauriu.

O objetivo para a sessão seguinte é efetuar pelo menos uma repetição extra antes de atingir a exaustão. O ideal é realizar as séries isométricas no fim da sessão, quando você já estiver cansado, tendo a meta de reproduzir melhor o ambiente fisiológico do combate.

O ângulo do trabalho isométrico deve estar o mais próximo possível do que se verifica em sua modalidade esportiva. Por exemplo, para a luta livre, os adutores são trabalhados com as coxas abertas, a 45 graus cada uma, não com as coxas cerradas uma contra a outra.

É preciso prestar atenção principalmente à sua respiração durante a isometria. Um curto bloqueio permite obter um aumento de potência da força mais rápida, para pegar o adversário. Mas se esse bloqueio respiratório persistir, provocará uma asfixia. É preciso então aprender a respirar sem que a força muscular seja afetada demais. Trata-se de uma técnica que se trabalha durante os exercícios de musculação.

Quais são os prós e contras do treinamento em ambiente instável?

O treinamento em ambiente instável é uma tendência atualmente. Por exemplo, em vez de fazer desenvolvimento deitado (supino) em um banco (superfície estável), é recomendado deitar-se em uma bola de ginástica (ou bola de pilates), superfície instável. Essa moda, que veio da reeducação física, permite:
→ reduzir as cargas manipuladas para minimizar o estresse articular;
→ equilibrar melhor a força dos músculos entre o lado direito e o lado esquerdo.
Mas isso é bom para os lutadores? No combate, o que dá instabilidade é seu adversário, pois o solo é estável. Os estudos científicos mostram que para aumentar o equilíbrio, é preciso que as condições de treinamento sejam rigorosamente similares às encontradas em sua modalidade esportiva (Keogh, 2010). A luta dificilmente então corresponde à prática da musculação em meio instável.
Isso explica por que, com a exceção de esportes com prancha, o treinamento instável

desacelera os ganhos de força em vez de aumentá-los. Em relação a um exercício praticado sobre um suporte estável, a força diminui 22% em um ambiente instável (Kohler, 2010). Por causa dessa perda, os músculos de revestimento, que trabalham de modo mais instável, são de fato 34% menos recrutados. A instabilidade não é ideal, portanto, para um lutador que quer adquirir o máximo de força em um mínimo de tempo.
A menos que um dia os combates sejam realizados sobre uma bola de pilates gigante, o lutador tem muito pouco a ganhar ao treinar em ambiente instável. Além disso, é desnecessaria.mente perigoso manipular peso sobre uma superfície móvel. Se você se machuca, tudo vai por água abaixo.

Útil para relaxar os músculos das costas, favorecendo a descompressão entre as vértebras, a bola de pilates não é, porém, recomendada para o treinamento muscular do lutador.

TÉCNICAS DE CONDICIONAMENTO E DE RESISTÊNCIA

Para um lutador, não adianta nada ser forte, potente e dominar bem os métodos de combate sem ter resistência. Essa qualidade indispensável deve ser desenvolvida por meio das técnicas de condicionamento.

POTÊNCIA E CONDICIONAMENTO: DUAS QUALIDADES MUSCULARES OPOSTAS

Nossos músculos são concebidos para se especializar somente em um tipo de trabalho: potência ou resistência, mas não nos dois (Paulo, 2010). Um treinamento regular de potência nos faz ganhar fibras rápidas (tipo 2). Efetivamente, a distribuição das fibras musculares não é algo fixado. Ela está em constante evolução em função do tipo de esforço praticado. Matematicamente, um ganho de fibras potentes significa que os músculos se empobreceram de fibras de resistência (ou fibras lentas, do tipo 1). Quando falamos fibras lentas ou rápidas, a diferença não é detectada a olho nu. Mas em média, a RFD das fibras 2 é duas vezes mais rápido que o das fibras 1. Em um soco que dura apenas 50 a 250 milissegundos, a diferença de eficiência será evidente.

Essa potência das fibras 2 se realiza em detrimento de sua capacidade de resistir à fadiga, pois elas se esgotam rápido. Por outro lado, apesar de as fibras 1 serem mais lentas, são muito mais resistentes. Um treinamento cardiorrespiratório aumenta em ganho de resistência, mas corre-se o risco de perder potência.

Essa oposição explica por que é tão difícil aliar potência e resistência. Porém, o lutador deve reunir essas duas qualidades para ter um bom desempenho. Para isso, aconselhamos fazer o treinamento em circuito. Esse último consiste em executar diversos exercícios de musculação em sequência sem repousar entre as séries.

AS 5 REGRAS A SEREM RESPEITADAS PARA MINIMIZAR O PARADOXO POTÊNCIA/RESISTÊNCIA

1 Não banque o Rocky

Certamente, sessões intermináveis de corrida podem parecer à primeira vista uma boa ideia, mas não são. Elas vão prejudicar sua potência.

2 Evite os treinamentos cardiorrespiratórios que duram mais tempo do que é requerido durante o combate

Diferentemente de muitas modalidades cuja duração de competição é imprevisível (no tênis, p. ex.), a duração máxima do combate é conhecida com antecedência. Você deverá reproduzir a extensão do treinamento cardiorrespiratório dentro desse tempo.

❸ Reproduza a periodicidade de repouso dos combates

É inútil que um circuito se prolongue por mais tempo que a duração de um *round*. Por exemplo, para o MMA, tente realizar 3 circuitos de exercícios de 5 minutos cada um, intercalando com 1 minuto de repouso. O objetivo é desenvolver exatamente o mesmo tipo de energia requerido em um combate.

❹ Trabalhe o corpo todo

O problema dos exercícios clássicos cardiorrespiratórios é que são repetitivos e que não estimulam todos os músculos em sua totalidade. Em geral, eles se concentram apenas nas coxas (corrida, bicicleta, esteira, *step*, etc.) em vez de todo o corpo. Neste aspecto, o circuito é muito mais interessante. Graças aos halteres, você utilizará uma resistência mais significativa que o simples peso do corpo, o que tornará cada vez mais eficaz sua sessão de condicionamento e trabalhará todo o corpo.

❺ Desenvolva toda sua força

Após ter privilegiado o ganho de força durante algumas semanas, é preciso, progressivamente, dar mais espaço para o trabalho de condicionamento. Ultrapassado um certo nível de força, a correspondência, em termos de progresso concreto no ringue, vai diminuindo. Quando duplicamos as cargas (para os lutadores mais fortes antes da musculação) ou triplicamos (para os menos fortes), há mais ganhos melhorando seu condicionamento do que sua força pura.

PARA OTIMIZAR SEU CONDICIONAMENTO, ADAPTE SEUS CIRCUITOS

No plano neuromuscular, um bom lutador deve ser capaz de passar de uma contração muscular máxima dos braços à contração muscular máxima das coxas, ou até fazer os dois ao mesmo tempo. Tudo isso em uma ordem completamente aleatória e sem que os músculos se beneficiem de qualquer tempo de adaptação. O interessante do circuito é preparar o lutador para essas variações bruscas e aleatórias.

Com a musculação clássica, o treinamento dos músculos fica segmentado de maneira artificial. Fazemos várias séries de um mesmo exercício antes de passar para outro. Um combate não se desenvolve assim.

A musculação em circuito permite constantemente trocar de movimento e então de grupos musculares. Essas mudanças contínuas de exercícios se aproximam mais do que é requerido no ringue do que uma sessão de musculação clássica.

Em muitos esportes, o circuito deve respeitar uma certa lógica. Durante a luta, a tendência é justamente não ter lógica, visto a grande variedade de movimentos que se deve executar em um combate.

◆ CONCLUSÃO

Os circuitos são o ideal para desenvolver a força-resistência funcional. Eles permitem um treinamento breve, pois há pouco tempo de repouso.

Circuito e preparação cerebral

Durante a musculação, não é somente os músculos que viabilizam o esforço, uma vez que é o cérebro que dá as ordens para a contração. As pesquisas científicas mostraram que as regiões do cérebro ativadas são diferentes se treinarmos em séries clássicas ou em circuito (Kantak, 2010).

Em séries clássicas, o treinamento de um mesmo movimento permite um repouso cerebral. Em circuito, a modificação constante do recrutamento motor obriga o cérebro a ficar desperto. É mais duro para ele, mas isso o leva a aumentar seu desempenho em tarefas complexas que requerem um recrutamento muscular aleatório, como em um combate.

Evolução do circuito

Para um novato, não é possível sustentar um esforço em circuito com pesos consideráveis durante vários minutos. Inicie fazendo 15 a 30 segundos de repouso entre os exercícios do circuito. Ao longo das sessões, reduza esse repouso até que ele não seja mais necessário. Exemplos de circuitos são fornecidos na terceira parte desta obra (a partir da p. 127).

Respiração durante um trabalho de resistência

Em um trabalho de circuito, é preciso respirar o máximo possível para não se asfixiar. Nesse caso, é preferível evitar bloquear sua respiração apesar de haver a tentação natural de fazer isso. Expire durante a fase mais difícil do exercício (o levantamento da carga), e inspire durante a fase mais fácil (a descida da carga).

LUTAR CONTRA O ÁCIDO LÁTICO

A acidificação dos músculos age como vetor direto da fadiga. Em um combate, a produção de ácido lático pode ser multiplicada por 10 (Amtmann, 2008). Existe um meio simples de tornar inativo esse ácido e, então, minimizar o baixo desempenho. Trata-se de usar um suplemento básico, como o bicarbonato, que neutraliza o ácido.

Por exemplo, boxeadores de alto nível tomam 300 mg de bicarbonato de sódio por quilo de peso corporal, 90 minutos antes de um combate (4 *rounds* de 3 minutos, pausados por 1 minuto de repouso) (Siegler, 2010). Graças ao bicarbonato antes do combate, o sangue dos boxeadores é menos ácido (pH: 7,43) que com o placebo (pH: 7,37), o que permite começar com alguma vantagem.

No fim do combate, a acidez do sangue fica sempre inferior graças ao bicarbonato (pH 7,22 contra 7,17 sob placebo). Com o ácido afetando menos os músculos, o desempenho melhora. Concretamente, o bicarbonato permitiu aumentar em 5% o número dos golpes dados em todo o combate. A diferença se torna muito visível a partir do terceiro e ainda mais no quarto *round*.

Esse exemplo mostra que a alimentação e a suplementação têm um papel importante no progresso do lutador. As estratégias de alimentação e de complementação naturais para o desempenho são descritas no *Guia dos suplementos alimentares para atletas*, dos mesmos autores, publicado no Brasil pela editora Manole.

TÉCNICAS DE AUMENTO DA FLEXIBILIDADE

A priori, a rigidez muscular é vista com descrédito, enquanto a flexibilidade constituiria uma qualidade. Infelizmente, as coisas estão longe de ser tão simples.

Para um lutador, a flexibilidade apresenta várias vantagens:

→ músculos flexíveis são um pré-requisito para vários golpes, em particular aqueles dados com a perna;

→ ser flexível, ou até hipermóvel, constitui a melhor linha de defesa contra as técnicas de dominação;

→ uma boa amplitude articular permite se livrar mais facilmente de várias pegadas;

→ a flexibilidade permite uma melhor manutenção do equilíbrio, enquanto é fácil desequilibrar um lutador não flexível;

→ um músculo flexível é menos propício às lesões que um músculo mais rígido.

Há, porém, o outro lado da moeda. De maneira geral, flexibilidade demais faz perder em:

→ potência muscular: entre os atletas de alto nível, aqueles menos flexíveis têm uma RDF 37% superior à daqueles que são flexíveis (Watsford, 2010);

→ resistência;

→ revestimento articular: para proteger seu tronco contra os golpes, é melhor se beneficiar de um revestimento rígido do que de um flexível demais.

Um meio-termo entre flexibilidade/rigidez difícil de estabelecer

Todas as modalidades esportivas enfrentam o conflito entre a flexibilidade e a rigidez. Em algumas atividades, é fácil resolver esse dilema. Para os bailarinos, a flexibilidade é mais valorizada. Entre os esportes de força, é a rigidez que ganha. O problema do lutador é que ele deve combinar a flexibilidade de um bailarino e a rigidez de um homem forte.

No entanto, tenha em mente que a flexibilidade não é uma finalidade em si. Ela só é um meio de lutar melhor. Decerto, ser flexível é excelente, mas após certo estágio, flexibilidade demais irá prejudicar a eficiência dos golpes dados.

É conveniente balancear a rigidez e a flexibilidade do músculo. Esse equilíbrio foi definido pelos grandes mestres da halterofilia soviética: o músculo deve ser flexível o bastante para ter levemente mais amplitude do que ele precisa em sua modalidade esportiva (para prevenir as lesões e não travar os movimentos), mas não muito mais que isso (para não prejudicar o desempenho, ficando como uma boneca de pano cujas articulações se deslocam com frouxidão excessiva).

◆ CONCLUSÃO

Podemos deduzir dessas observações que a flexibilidade de um músculo possui a capacidade tanto de aumentar quanto de reduzir o desempenho. Será preciso então prestar muita atenção quanto ao bom uso do alongamento.

Não confundir flexibilidade muscular e mobilidade articular

Conseguir fazer o espacate, tanto frontal quanto lateral, é considerado, em geral, um sinal de flexibilidade. Mas somente isso não quer dizer que somos flexíveis. Não é também por não conseguir, que é preciso se definir como "não flexível".

Efetivamente, nem todas as morfologias são concebidas para executar um espacate.

Fazer o espacate é mais uma questão de morfologia que de flexibilidade.

◆ CONCLUSÃO

A conformação óssea tem um papel importante na amplitude de movimentos. Tornar flexíveis seus músculos e seus tendões é uma coisa; martirizar seu esqueleto forçando-o a fazer movimentos para os quais ele não foi concebido sob pretexto de que alguns conseguem, é outra coisa. Essa obstinação se traduzirá apenas em dores desnecessárias.

Desse exemplo morfológico, podemos tirar duas regras de bom senso que permitirão ao lutador evitar sofrimentos:

★ **1. Privilegie os golpes adaptados** à sua morfologia óssea e ligamentar, e não o contrário.

★ **2. Adapte seu treinamento** de musculação para sua morfologia, e não o contrário.

AS DIFERENTES MORFOLOGIAS ÓSSEAS DO QUADRIL

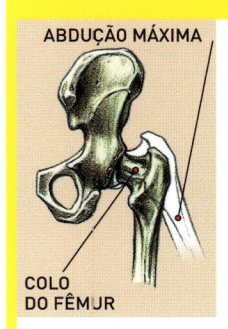

ABDUÇÃO MÁXIMA

COLO DO FÊMUR

Um colo do fêmur quase horizontal chama-se **coxa vara**. Ele limita os movimentos de abdução ao entrar em contato mais rapidamente com a margem superior do acetábulo.

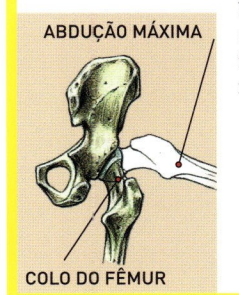

ABDUÇÃO MÁXIMA

COLO DO FÊMUR

Um colo do fêmur quase vertical chama-se **coxa valga**. Ele facilitará a amplitude do movimento de abdução.

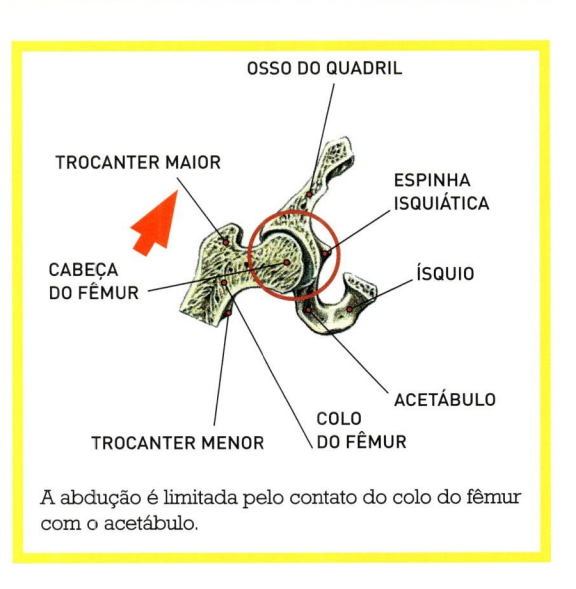

A abdução é limitada pelo contato do colo do fêmur com o acetábulo.

Diferença em relação à flexibilidade

Como regra geral, as populações dos países:
→ quentes estão mais próximas da tensão ideal, mas estão também mais sujeitas às lesões;
→ frios têm músculos menos rígidos, mas têm mais dificuldade de atingir uma tonicidade ideal. Em contrapartida, elas são menos vulneráveis a lesões.

Musculação e rigidez muscular

A musculação praticada com cargas pesadas tende a reduzir a flexibilidade do músculo. Isso é normal, pois para ficarem fortes e potentes, os músculos têm necessidade de certa rigidez.
Mas a rigidez corre o risco de reduzir a amplitude dos movimentos, o que diminuirá o desempenho do lutador e poderá se tornar uma fonte de lesões. A prática regular do alongamento permite minimizar tal problema.

Nós somos mais flexíveis de modo unilateral

Alongando um único membro por vez, nós ficamos mais flexíveis que alongando simultaneamente o lado direito e o esquerdo.

Essa particularidade fisiológica revela o papel do sistema nervoso na capacidade de alongamento. Instintivamente, poderíamos acreditar que somente a flexibilidade musculotendínea tem importância na determinação de nossa amplitude de movimento. Mas os alongamentos bilaterais mostram que o bloqueio de proteção nervosa ocorre muito mais precocemente do que em alongamento unilateral. Nossa amplitude fica assim mais restrita. O lutador que quer ganhar amplitude rapidamente ficará muito inspirado a praticar, prioritariamente, os movimentos de alongamentos unilaterais em vez dos bilaterais. É também esse tipo de alongamento que vemos com mais frequência no combate.

♦ **CONCLUSÃO**

É no sistema nervoso que se encontra a chave da flexibilidade. É graças a uma regulação eficaz da tensão muscular e tendínea pelo sistema nervoso que o lutador poderá ser ao mesmo tempo rígido (quando se trata de bater forte) e flexível. Essa maleabilidade e adaptabilidade do sistema nervoso podem ser obtidas apenas com a combinação de um trabalho de musculação com cargas pesadas e exercícios de alongamento regulares.

QUANDO ALONGAR-SE?

O lutador pode trabalhar sua flexibilidade em 4 ocasiões.

1 No aquecimento pré-treinamento

Estique por alguns segundos um elástico: este começa a aquecer. O mesmo fenômeno de transformação da tensão em calor é produzido nos músculos quando os alongamos. É por essa razão que o alongamento aquece músculos e tendões. Mas puxando demais um elástico, este vai se distender e perder sua força. E, na pior das hipóteses, ele pode até arrebentar. Isso vale também para nossos músculos, que se comportam como elásticos gigantes.
O alongamento de "aquecimento" antes de um esforço deve ser suave. Na realidade, as pesquisas científicas mostram que o aquecimento à base de alongamentos pode

induzir a uma baixa de desempenho por diminuição da elasticidade muscular. Perdendo um pouco de reatividade, o músculo se torna menos explosivo, menos potente e menos resistente (Nelson, 2005). Essa baixa de desempenho é temporária, mas durável o suficiente para travar uma sessão de musculação ou de combate. Então, não faça excessivamente alongamentos em um aquecimento pré-treino. Nesse momento específico, o alongamento servirá só para aquecer o músculo, não para aumentar sua flexibilidade.

❷ Durante o esforço

A musculação e o treino de técnicas de combate são atividades fracionadas. É possível alongar-se durante as pausas. Nesse exato momento, o alongamento pode ter 2 consequências:

1. No melhor dos casos, o alongamento permite recobrar rapidamente tonicidade, favorecendo a recuperação, o que se traduz em uma melhora do desempenho.

2. No pior dos casos, o alongamento acentua a fadiga.

Essas respostas extremas se explicam sozinhas e não são tão surpreendentes como pode parecer à primeira vista. Elas dependem em grande parte do grau de fadiga muscular, assim como do tipo de alongamento praticado (ver mais adiante). Pode até acontecer de o alongamento se mostrar benéfico durante a primeira parte do treinamento, mas contraproducente no fim da sessão. O efeito inverso também pode ser produzido.

A vantagem, com o alongamento, é que sentimos logo seus benefícios ou malefícios. Mantenha a mente aberta quanto à flexi-

bilização durante o esforço. Apesar de alguns louvarem as virtudes disso, os efeitos benéficos não se aplicam a todo mundo e nem o tempo todo.

❸ Logo depois do treinamento

Trata-se de um bom momento para se alongar porque, aconteça o que acontecer, não sofreremos uma eventual baixa temporária de desempenho. Além do mais, os músculos estão bem aquecidos. O inconveniente dessa estratégia é:

→ que ela aumenta a duração dos treinamentos;

→ que alongar os músculos enquanto estão cansados não é o ideal para ganhar flexibilidade rapidamente.

Porém, se você deseja apenas conservar seu nível de flexibilidade, o período pós-esforço é ideal.

❹ Entre os treinamentos, nos dias de repouso

Se você precisa ganhar flexibilidade rapidamente, essa estratégia deverá ser adotada até atingir o nível desejado. A vantagem dos alongamentos é que podem ser praticados sem muitos materiais. O inconveniente é que esses treinamentos adicionam sessões assim como volume de trabalho, o que pode desacelerar a recuperação de seu corpo.

Outro problema inerente a essa estratégia é que você trabalha o músculo frio, o que pode ser perigoso. Não se esqueça então de:

→ aquecer bem antes de se alongar;

→ aumentar gradualmente a potência de alongamento.

Existem duas técnicas principais de alongamento: estática e dinâmica.

❶ Alongamento estático

Consiste em manter a posição de alongamento de 10 segundos a 1 minuto. O grau de alongamento pode ir do leve ao forte, de acordo com o objetivo.

★ **Vantagens:** praticado de maneira controlada e progressiva, é o menos propenso a causar uma lesão.

★ **Inconvenientes:** essa forma de relaxamento é a mais propensa a provocar uma baixa de desempenho quando praticada antes de um treinamento (Bacurau, 2009).

❷ Alongamento dinâmico

Trata-se de puxar mais ou menos bruscamente seu músculo utilizando pequenos impulsos repetidos por 10 a 20 segundos. Essa forma de alongamento assemelha-se um pouco com a pliometria, pois atua sobre o ciclo alongamento-distensão (ou elasticidade do músculo). A meta dos movimentos de impulso é forçar o músculo a alongar-se mais do que faria naturalmente.

★ **Vantagens:** é menos propenso a diminuir o desempenho quando praticado antes de um treinamento; isso desde que você não puxe demais um músculo (Bacurau, 2009). É preciso então muita prudência diante dessa maneira de alongamento traumática.

★ **Inconvenientes:** esse tipo de alongamento também pode causar uma lesão.

Geralmente de 3 a 5 circuitos de alongamentos são praticados sem interrupção. Cabe ao lutador definir as diferentes cadeias musculares que deseja deixar mais flexíveis em função de suas técnicas de combate. Para ajudá-lo nessa tarefa, consulte o *Guia de alongamento*, dos mesmos autores, publicado no Brasil pela editora Manole.

RESPIRAÇÃO DURANTE O ALONGAMENTO

Bloquear a respiração durante um alongamento enrijece o músculo. Nos exercícios de alongamento, é preciso relaxar seu corpo. Inspire calma e lentamente para fazer o músculo perder ao máximo sua rigidez. Então, é preciso sincronizar sua respiração com o alongamento inspirando na fase de maior intensidade.

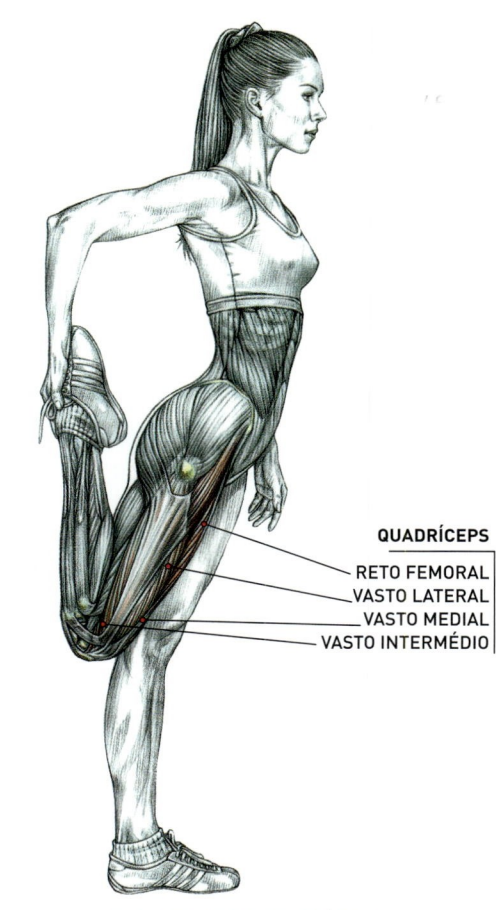

QUADRÍCEPS
RETO FEMORAL
VASTO LATERAL
VASTO MEDIAL
VASTO INTERMÉDIO

ALONGAMENTO DO QUADRÍCEPS

TÉCNICAS DE RECUPERAÇÃO E DE PREVENÇÃO DE LESÕES

Os riscos de lesões são particularmente altos nos esportes de combate. O MMA não é exceção, com uma incidência estimada em cerca de 3 lesões a cada 10 lutas (Bledsoe, 2006). Entre as dores ocasionadas durante a luta, seria tendencioso não adicionar os traumatismos que podem ocorrer na musculação. Para evitar isso, o lutador deve:

→ aprender a aquecer-se bem antes de um esforço;
→ fazer tudo para acelerar sua recuperação entre dois treinos.

TÉCNICAS DE AQUECIMENTO

O corpo pode ser comparado a um carro. Se você acelera forte quando o motor está frio, a velocidade não aumenta muito e você estraga a mecânica. Porém, quando o motor está quente, a menor aceleração aumenta rapidamente a velocidade. Do mesmo modo, nossos músculos, nossos tendões e nossas articulações funcionam apenas de maneira ideal a uma determinada temperatura. É indispensável aquecê-los antes de qualquer esforço, para:

→ proteger-se de lesões;
→ melhorar o desempenho;
→ preparar-se mentalmente para o esforço que será feito a seguir.

É preciso sempre efetuar pelo menos 1 a 2 séries leves de aquecimento antes de um treinamento pesado. Como essas séries de aquecimento são pouco intensas, não são levadas em conta no número total de séries de uma sessão.

◆ ADAPTE SEU AQUECIMENTO

A duração do aquecimento é variável, segundo as estações e o período do dia. No inverno, ou de manhã ao despertar, o corpo está mais frio que no verão ou à tarde, por isso é preciso prolongar o aquecimento em 1 a 2 séries. Compensando a diferença de temperatura, a desigualdade de desempenho desaparece (Taylor, 2011). Como o resto de sua sessão não deve ser encurtado por causa disso, a duração do treinamento vai automaticamente se prolongar um pouco.

⚠ ATENÇÃO!

Muitos iniciantes imaginam que não precisam se aquecer. Eles acreditam que podem pegar "pesado" de início e não "perder" tempo com o aquecimento. Essa negligência do aquecimento será fatalmente cobrada mais tarde com dores que restringirão a capacidade de combate. Um bom aquecimento pré-treino constitui uma segurança contra dores futuras, além de se mostrar um fator de melhora imediata do desempenho.

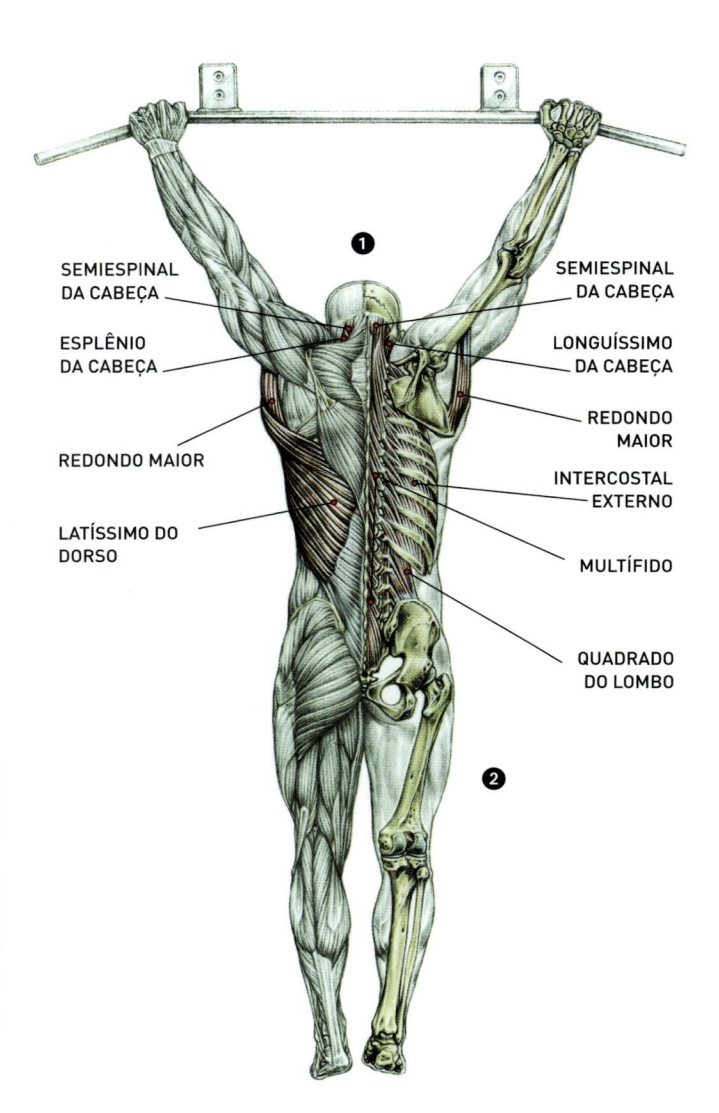

SEMIESPINAL DA CABEÇA

ESPLÊNIO DA CABEÇA

REDONDO MAIOR

LATÍSSIMO DO DORSO

SEMIESPINAL DA CABEÇA

LONGUÍSSIMO DA CABEÇA

REDONDO MAIOR

INTERCOSTAL EXTERNO

MULTÍFIDO

QUADRADO DO LOMBO

❶ Incline a cabeça para a frente, tentando encostar o queixo no peito.

❷ Relaxe lentamente as costas para sentir o alongamento dos pequenos músculos intervertebrais.

Assim como é primordial aquecer-se, é importante o relaxamento ao fim da sessão. Como a musculação tende a comprimir a coluna vertebral e as articulações, é preciso descomprimir.

As técnicas de descompressão foram elaboradas para os times profissionais de futebol americano, modalidade na qual os traumatismos articulares são numerosos. Para fazer um jogador lesionado voltar ao jogo, é preciso descomprimir sua articulação dolorida.

Como modo de prevenção de lesões, a descompressão é uma técnica a ser usada o mais rápido possível após o treinamento. A tração articular elimina uma parte da pressão exercida sobre a articulação, o que favorece as trocas sanguíneas e a regeneração. Todavia, não se trata de puxar demais um músculo. As trações articulares devem ser efetuadas naturalmente por causa da gravidade, em vez da força exterior ou de um solavanco.

Para acelerar a recuperação lombar, descomprima suas costas suspendendo-se em uma barra fixa durante pelo menos 30 segundos. Você deve sentir sua coluna alongar-se livremente sob o simples efeito do peso de seu corpo. Se, pelo contrário, suas vértebras ficarem comprimidas, é porque os músculos lombares estão ainda espasmados. Relaxá-los é algo que se aprende com o tempo.

Suspenso pelas mãos na barra fixa, não é só a coluna vertebral que se encontra esticada. As articulações dos punhos, cotovelos e ombros são também descomprimidas com os mesmos benefícios regenerativos.

Outra técnica de descompressão consiste em se prender pelos pés em uma barra fixa. A inversão, colocando a cabeça para baixo e os pés para cima, alonga a coluna vertebral, prevenindo assim as dores lombares (Richmond, 2009). Essa suspensão pelos pés descomprime igualmente as articulações dos tornozelos, dos joelhos, e dos quadris, o que lhe fará ganhar horas de recuperação. A circulação linfática é acelerada em razão de uma drenagem natural, particularmente apreciada depois de um treinamento (Cerniglia, 2007).

Nas primeiras vezes que você ficar de cabeça para baixo, sensações desagradáveis podem aparecer. Você pode ter a impressão de que o sangue se concentrou em sua cabeça. Trata-se de sintomas dos quais sofrem os astronautas nos primeiros dias no espaço.

O bom senso diria que, se você não suporta essa posição, não deve fazê-la. Mas, em um combate no solo, pode acontecer de um adversário bloquear suas pernas no ar e você ficar de cabeça para baixo. Se essa postura o desorientar, você perderá o combate e seus futuros adversários saberão como você luta. É preciso então treinar para ficar de cabeça para baixo, sobretudo, quando estiver cansado e ofegante. A melhor maneira de se preparar para essa inversão de gravidade é praticar regularmente a suspensão com botas de gravidade.

A inversão descomprime a coluna vertebral e acelera a circulação linfática.

AUTOMASSAGEM REGENERADORA SOBRE *FOAM ROLLER*

O acúmulo de microlesões musculares e tendíneas estimula o desenvolvimento de fibras inelásticas. Estas últimas forjam aderências entre as diferentes camadas da estrutura muscular. O resultado disso é um músculo menos flexível, mais frágil e com mais dificuldade de se contrair com potência. Além das dores potenciais, o desempenho cai.

A massagem miofascial tem como objetivo "quebrar", ou pelo menos atenuar, essas aderências e assim restaurar a flexibilidade, a força e a velocidade do músculo. Para tanto, a automassagem sobre *Foam Roller* — um rolo de espuma rígida — pode substituir um massagista.

Deitando-se sobre o *Foam Roller*, usamos o peso do corpo para desfazer as aderências graças a um rolamento do acessório sobre os diferentes grupos musculares. Se em um primeiro momento parece se tratar de uma boa solução, logo se percebe que é uma técnica que pode ser extremamente dolorosa.

1 Automassagem das costas, dos trapézios e do pescoço.

2 Automassagem na região posterior dos ombros e dos tríceps.

3 Automassagem dos isquiotibiais e dos glúteos.

4 Automassagem dos quadríceps.

Felizmente, o usuário controla a pressão praticada sobre o rolo para evitar dores excessivas.

É preciso, além disso, começar aliviando o peso do corpo apoiando os pés e as mãos no chão. Assim, somente as camadas superficiais do músculo são massageadas, o que minimiza a dor. É apenas em um segundo momento que podemos procurar atingir as camadas mais profundas, soltando mais o peso do corpo. Do mesmo modo, quanto mais duro for o rolo, mais eficiente é a massagem, embora também mais dolorosa (Curran, 2008). Um rolo duro que não amasse permitirá atingir melhor pontos musculares precisos. A automassagem pode ser praticada durante 5 a 10 minutos, nos dias de repouso. É preciso insistir nas zonas vulneráveis, como os ombros e a região lombar, assim como em volta dos joelhos e dos tornozelos.

Entre as séries de musculação, também é possível se automassagear. As pesquisas médicas mostram que, durante um treinamento, o uso do *Foam Roller* facilita a recuperação e afasta a fadiga (Haeley, 2011).

DESEQUILÍBRIOS MUSCULARES, FATORES DE LESÕES

A aquisição de força muscular é nitidamente mais pronunciada que o reforço articular. Por exemplo, em comparação a pessoas sedentárias, os halterofilistas têm:

→ quadríceps 26% mais fortes;

→ posteriores da coxa que são apenas 11% mais potentes, o que destaca a desigualdade de força entre esses dois músculos antagonistas;

→ uma cartilagem dos joelhos que é somente 5% mais espessa (Gratzke, 2007).

Se adicionarmos o fato de que, passados alguns anos de treinamento, as cartilagens enfraquecem mais que se reforçam, entenderemos melhor a incidência crescente das lesões.

♦ CONCLUSÃO

Um programa de musculação incompleto traz o risco de induzir disparidades de reforço. Esses desequilíbrios predispõem o atleta a diversas patologias incapacitantes. Nesse contexto, a prevenção constitui a melhor arma de proteção. Assegure-se de desenvolver de maneira igual os diferentes músculos antagonistas. Assim, seu programa de musculação deve aplicar-se para igualar as forças entre:

→ as regiões anterior e posterior dos ombros;
→ as partes ascendente e descendente dos trapézios;
→ os músculos dorsais e os peitorais;
→ os flexores e os extensores do antebraço;
→ os músculos lombares e os músculos abdominais;
→ os quadríceps e os isquiotibiais.

EM CASO DE LESÃO, EXPLORE A EDUCAÇÃO CRUZADA

Se você é destro, sua escrita sai correta quando usa a mão direita, mas provavelmente deixa a desejar quando você usa a esquerda, e ocorre o inverso se for canhoto; você pode, no entanto, escrever também com a outra mão, mesmo que de maneira pouco habilidosa. Porém, ninguém lhe ensinou a escrever com as duas mãos. Houve simplesmente uma transferência parcial para a mão esquerda da aprendizagem que recebeu a mão direita. Isso é o que chamam de educação cruzada. Esse fenômeno de transferência, puramente nervoso, existe também na musculação. Sua consequência é que mesmo que você treine apenas o braço direito, seu braço esquerdo também adquire força. Esse progresso representa por volta de 10-15% dos ganhos realizados sobre o lado treinado. Essa taxa pode parecer modesta, mas quando estamos machucados e podemos treinar apenas um lado do corpo, é bom manter o trabalho do lado válido para conservar o máximo de força e facilitar a retomada do treinamento dos músculos imobilizados.

ABORDAGEM NUTRICIONAL REGENERATIVA

Consiste em usar suplementos alimentares naturais, capazes de acelerar a recuperação dos músculos e das articulações. Por exemplo, durante 28 dias, atletas de alto nível que sofriam com os joelhos receberam diariamente:

→ placebo;
→ 1,5 g de glucosamina.

A recuperação da amplitude de movimento da coxa foi 40% mais rápida sob glucosamina que sob placebo (Ostojic, 2007). Avaliamos a eficiência dos diversos suplementos de regeneração muscular e articular no *Guia de suplementos alimentares para atletas*, publicado no Brasil pela editora Manole.

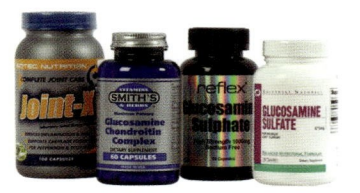

Alguns suplementos alimentares podem ajudar a recuperação.

EXERCÍCIOS MUSCULARES ESPECÍFICOS PARA A LUTA

A MAIORIA DOS EXERCÍCIOS DE MUSCULAÇÃO É ADEQUADA PARA O FISICULTURISMO. A META DELES É ISOLAR UM MÚSCULO OU UM GRUPO DE MÚSCULOS ESPECÍFICOS. O LUTADOR NÃO DEVE SEGUIR ESSA ESTRATÉGIA DE ISOLAMENTO NÃO FUNCIONAL. É PREFERÍVEL, PARA ELE, FAZER EXERCÍCIOS QUE MELHORAM DIRETAMENTE SEUS MOVIMENTOS EM COMBATE E NÃO SÓ UM OU DOIS MÚSCULOS.

AS ÚNICAS EXCEÇÕES DESSA REGRA SÃO OS MÚSCULOS DE DEFESA PASSIVA QUE SÃO O PESCOÇO, OS TRAPÉZIOS, A MANDÍBULA E A PAREDE ABDOMINAL.

O LUTADOR DEVE TAMBÉM TER CONSCIÊNCIA DE QUE NÃO É PORQUE DESENVOLVE SEUS MÚSCULOS QUE NÃO ESTÁ PARALELAMENTE CRIANDO PATOLOGIAS, EM PARTICULAR ARTICULARES. OS PERIGOS INERENTES DE CADA EXERCÍCIO, QUANDO EXISTEM, SERÃO ASSINALADOS PARA PODER MINIMIZAR SEUS RISCOS. SERÁ PRECISO ASSIM ADOTAR OS MOVIMENTOS QUE REPRESENTAM O MELHOR EQUILÍBRIO ENTRE A EFICIÊNCIA E A PERICULOSIDADE, EM FUNÇÃO DE SUA MORFOLOGIA.

PESCOÇO, TRAPÉZIOS E MANDÍBULAS

Não só damos golpes. Podemos também recebê-los. É por isso que é primordial proteger as zonas vulneráveis que são a cabeça e o pescoço. Se tomarmos como exemplo o gorila, seria extremamente duro estrangulá-lo ou nocauteá-lo por causa de seu pescoço e seus trapézios muito fortes. Ele pode então servir de modelo para o lutador. Por essa razão, o lutador tem todo o interesse em desenvolver a musculatura dessa região.

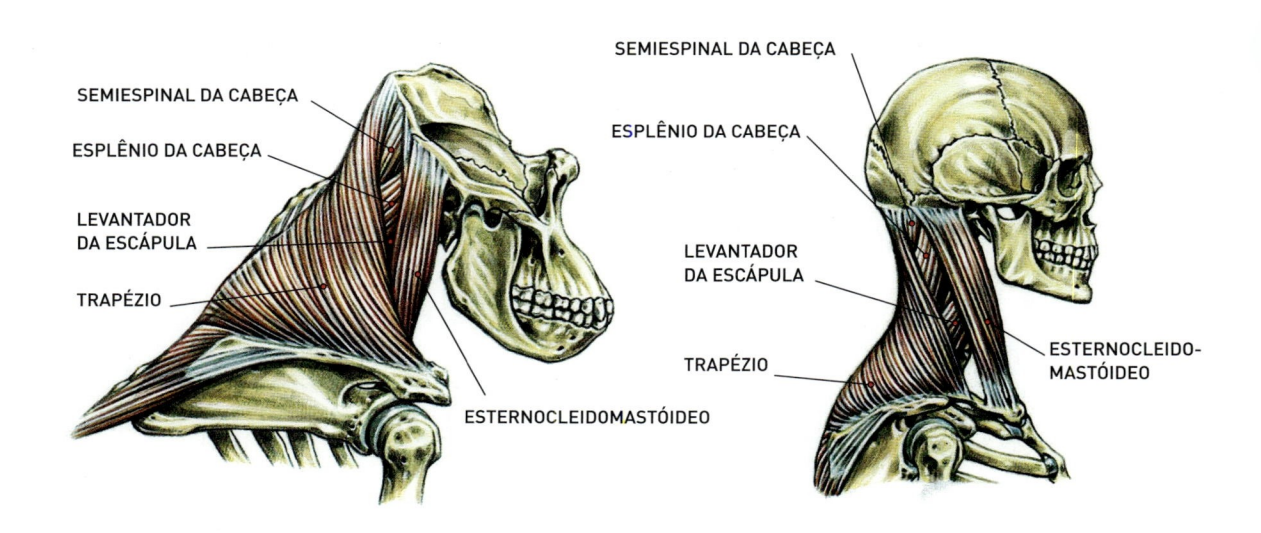

SEMIESPINAL DA CABEÇA

ESPLÊNIO DA CABEÇA

LEVANTADOR DA ESCÁPULA

TRAPÉZIO

ESTERNOCLEIDOMASTÓIDEO

SEMIESPINAL DA CABEÇA

ESPLÊNIO DA CABEÇA

LEVANTADOR DA ESCÁPULA

TRAPÉZIO

ESTERNOCLEIDO-MASTÓIDEO

Papel dos músculos do pescoço

Os músculos do pescoço têm um papel triplo:

★ **1.** Eles garantem a mobilidade do pescoço.

★ **2.** Por sua grande mobilidade, assim como o peso significativo do crânio, as vértebras cervicais estão expostas a rudes provas durante a luta. O segundo papel dos músculos do pescoço é proteger a integridade das vértebras cervicais, sobretudo em caso de choque. Isso significa que o trabalho dessa região do corpo é muito importante para o lutador.

★ **3.** No plano visual, um pescoço largo impressiona sempre. O terceiro papel do pescoço seria então intimidar o adversário graças a um diâmetro sobredimensionado.

Uma região de grande vulnerabilidade

Além de o pescoço não ser um forte determinante para o resultado de um combate,

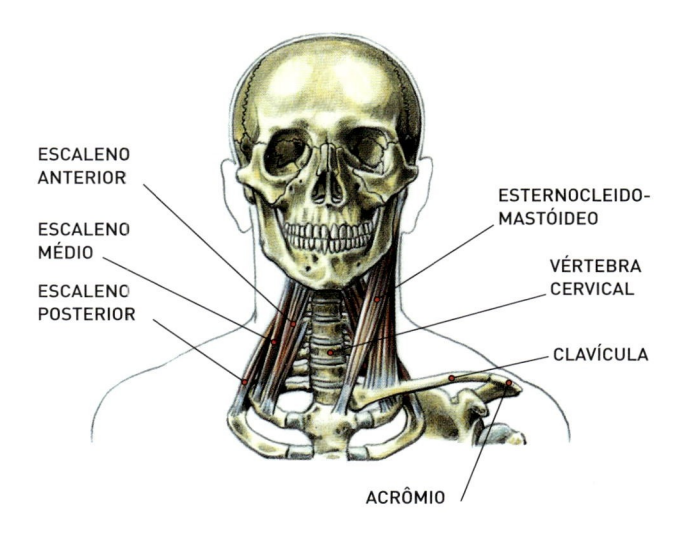

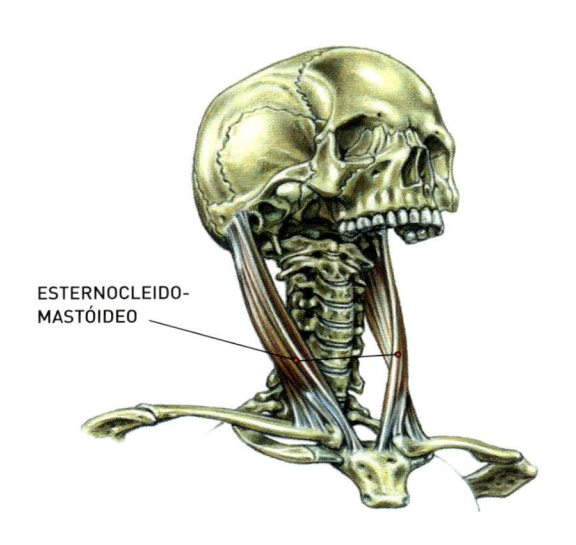

O esternocleidomastóideo participa independentemente da rotação da cabeça. Quando os dois esternocleidomastóideos se contraem ao mesmo tempo, eles projetam a cabeça para a frente, como na "cabeçada à Zidane".

trata-se igualmente de uma área muito sujeita a lesões. Por exemplo, 20% dos lutadores estão sujeitos a dores cervicais a partir de seu primeiro ano de atividade. Esse número sobe para 50% nos anos seguintes, pois uma vez lesionado, os riscos de desenvolver uma nova lesão aumentam exponencialmente. A incidência das dores cervicais aumenta igualmente em paralelo com a idade dos lutadores.

Existem 2 fatores principais de risco de lesão nas vértebras cervicais que podem ser atenuados por meio da musculação:

★ **1.** A fraqueza muscular do pescoço.

★ **2.** Os desequilíbrios de desenvolvimento entre os diferentes músculos do pescoço.

Nas pessoas não treinadas, a força de extensão é duas vezes mais significativa que a força de flexão (Ylinen, 2003). Esse desequilíbrio persiste até mesmo nos lutadores. Em comparação com os sedentários, a força do pescoço dos lutadores de alto nível é mais significativa em:

→ 60% na extensão;

→ 120% na flexão;

→ 170% na rotação.

Esse desequilíbrio é um fator de risco de lesão que o lutador deverá eliminar com o treinamento. Efetivamente, em uma queda

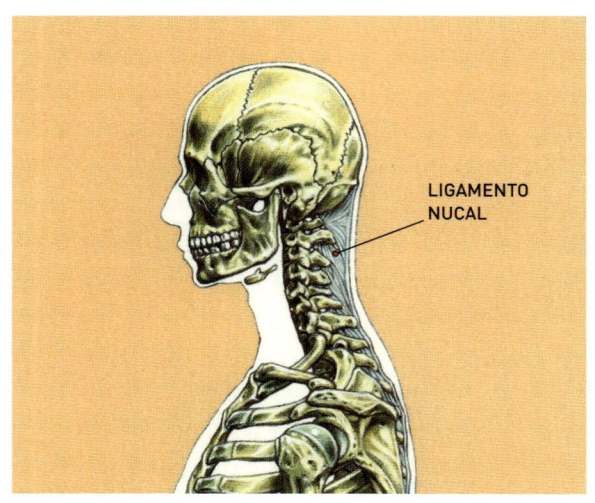

O ligamento nucal se estende como uma faixa fibrosa da base do crânio até a parte mais baixa da nuca, que se enrijece e protege o pescoço impedindo-o de atingir amplitudes grandes demais que podem lesionar a medula espinal.

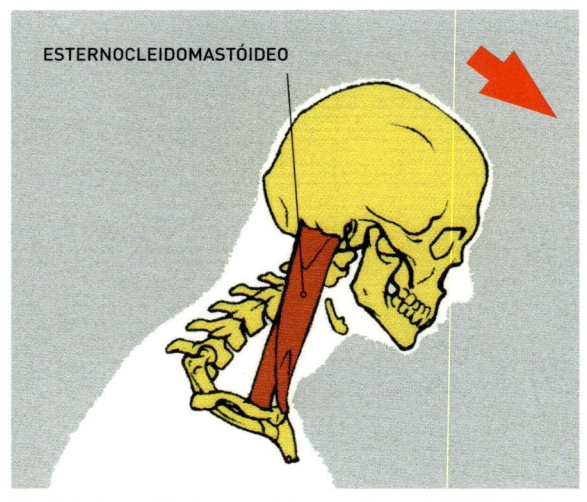

Contraindo-se simultaneamente, os esternocleidomastóideos projetam a cabeça para a frente, como na cabeçada.

de costas, é importante possuir bons flexores do pescoço para poder inclinar vigorosamente a cabeça para a frente. Em caso de hipertensão da região cervical (a cabeça fica para trás), a extensão do choque é similar à de um acidente de carro que provoca a lesão em chicote (Kochlar, 2005).

É conveniente então reforçar o pescoço revestindo-o de músculos firmes. Para isso, diferentemente de outros músculos, é benéfico usar as técnicas de hipertrofia utilizadas no fisiculturismo.

Qualidades musculares a serem desenvolvidas

A meta de uma musculatura potente é minimizar o estiramento de vários ligamentos que mantêm as vértebras cervicais no lugar. A principal qualidade buscada no que concerne ao pescoço é a força isométrica assim como a capacidade de absorver os choques (força negativa). O trabalho será então lento, ou até estático.

Resistência é igualmente necessário, pois os riscos de lesão aumentam com a fadiga,

o que implica efetuar um volume significativo de séries para repetir o trabalho de força sobre um músculo cansado.

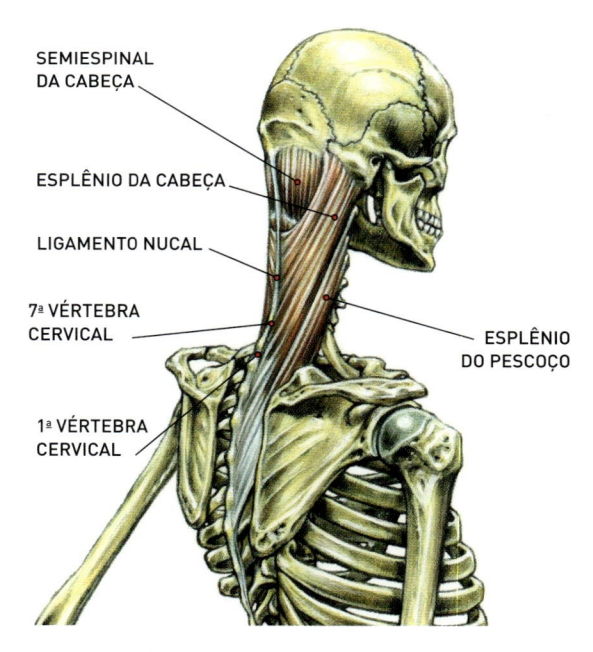

MÚSCULOS EXTENSORES DO PESCOÇO, VISTA POSTEROLATERAL

ISOLAR PARA DESENVOLVER

Os exercícios tradicionais de musculação trabalham muito pouco o pescoço. É preciso então procurar movimentos de isolamento específicos. Um programa completo para o pescoço deve incluir exercícios que trabalham os músculos situados:

→ na frente do pescoço (músculos flexores);
→ atrás do pescoço (músculos extensores);
→ lateralmente (músculos rotadores).

Reunimos aqui os exercícios menos traumatizantes para cada uma dessas regiões do pescoço. É somente após vários meses de reforço cervical, graças a esses movimentos, que você poderá passar aos exercícios mais arriscados para os lutadores, como a "ponte" ou outra manobra perigosa cujo ponto de apoio seja a cabeça.

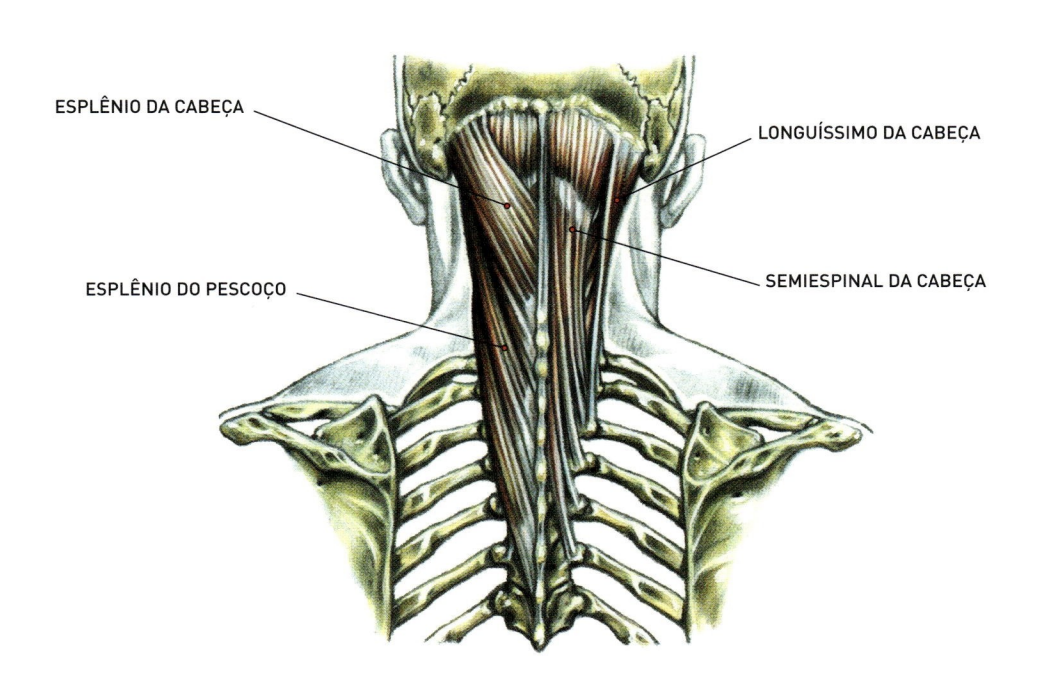

MÚSCULOS EXTENSORES DO PESCOÇO, VISTA POSTERIOR

FLEXÕES DE PESCOÇO

Este exercício de isolamento trabalha os músculos da frente do pescoço. Trata-se do movimento mais importante para proteger a cervical em uma queda de costas.

Em pé ou de joelhos, cerre os punhos e posicione-os sob o queixo ❶.
Com a força do pescoço, empurre seus punhos o máximo possível para a frente ❷. Mantenha essa posição por 5 segundos, contraindo ao máximo seus músculos.
Volte lentamente a cabeça para trás com a força dos punhos, procurando resistir com o pescoço.

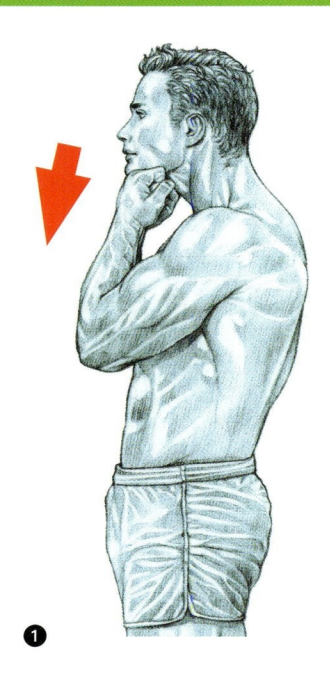

❶

❷

PONTOS A SEREM OBSERVADOS

Não eleve excessivamente a posição de alongamento. É preferível que o queixo não suba muito além da linha paralela ao solo.

VARIANTES

❹ Se seu pescoço já estiver dolorido, a fim de evitar qualquer movimento, este exercício pode ser realizado de maneira estática. Estabilize seus punhos entre o peito e o pescoço. Cerre-os o mais forte possível. Mantenha a posição pelo menos por 10 segundos antes de relaxar. Repita isso até a fadiga.

❸ Em vez de manter a cabeça reta, vire-a em 45 graus para a direita para uma série completa, antes de fazer o mesmo para a esquerda para a série seguinte.

❻ Para aumentar a dificuldade do exercício, deite-se, com as costas apoiadas em um banco. A cabeça pende no vazio. Coloque um disco de peso sobre a testa, usando uma toalha para evitar o contato direto da cabeça com o peso. Incline a cabeça para trás antes de realinhá-la.

❿ Para intensificar o treinamento, um cinto colocado em volta da cabeça permite

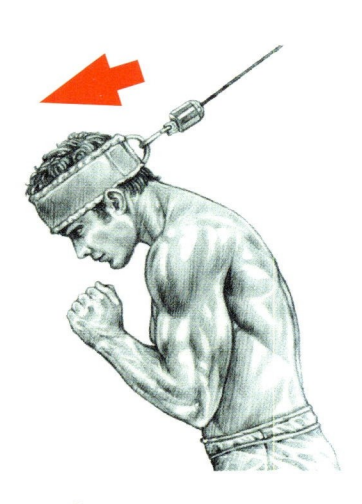

❿ COM UMA POLIA ALTA

que você se amarre a uma polia alta ou a um elástico. **❸ Existem aparelhos** que reproduzem os movimentos de flexão do pescoço.

VANTAGENS

Com as mãos livres, esse movimento trabalha o pescoço descomprimindo totalmente as vértebras cervicais, o que é benéfico.

INCONVENIENTES

Com a resistência manual, é difícil avaliar a quantidade de força que colocamos sobre os músculos. Por isso, a aquisição de força é mais difícil de ser avaliada. O uso de uma resistência com peso elimina esse obstáculo, embora seja mais traumatizante para a cervical.

⚠ PERIGOS

Cuidado para não erguer demais a cabeça, de modo a não forçar a cervical.

Ⓓ COM UM ELÁSTICO

EXTENSÕES DA NUCA

Este exercício de isolamento visa atingir os músculos da região posterior do pescoço. São esses músculos (esplênios) que dão ao pescoço do boxeador sua forma tão característica. Eles ajudam a evitar o nocaute em caso de cabeçada.

Em pé ou de joelhos, cruze os dedos e posicione as mãos atrás e na parte de cima do crânio ❶. Com a força do pescoço, empurre as mãos o máximo possível para trás ❷. Mantenha essa posição por 5 segundos, contraindo ao máximo seus músculos. Volte lentamente a cabeça para a frente com a força das mãos, resistindo com o pescoço.

PONTOS A SEREM OBSERVADOS

Não abaixe excessivamente a cabeça na posição de alongamento. É preferível que o queixo não fique muito abaixo da linha paralela ao solo.

COMENTÁRIOS

Você pode fazer as extensões de nuca com as flexões do pescoço em superséries, sem repouso.

VARIANTES

🅐 Para evitar qualquer movimento sobre um pescoço já dolorido, esse exercício pode ser realizado de maneira estática. Deitado com as costas retas sobre uma cama, pressione a cabeça o mais profundamente possível no colchão. Mantenha a posição por pelo menos 10 segundos antes de relaxar alguns segundos. Repita isso até a fadiga.

🅑 Você pode fazer o mesmo exercício em pé contra uma parede.

🅒 Em vez de manter a cabeça reta, vire-a em 45 graus para a direita para uma série completa, antes de fazer o mesmo para a esquerda na série seguinte.

🅓 No lugar das mãos, uma toalha ou uma faixa elástica esticada atrás da cabeça pode servir de resistência.

🅔 Para aumentar a dificuldade do exercício, deite-se com o ventre sobre um banco. A cabeça pende no vazio. Posicione um disco de peso sobre seu crânio, usando uma tolha para evitar o contato direto da cabeça com o peso. Incline a cabeça para o solo antes de voltar a realinhá-la.

🅕 Para intensificar o treino, um cinto colocado em volta da cabeça permite que você se amarre a um peso, a uma polia ou a um elástico.

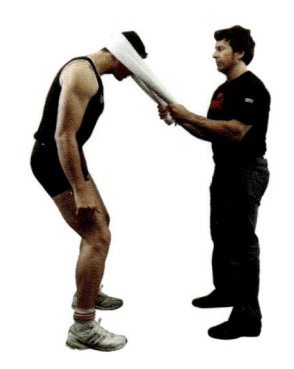

🅓 COM UMA TOALHA SEGURADA POR UM PARCEIRO

🅓 COM UM ELÁSTICO

🅖 Existem aparelhos que reproduzem os movimentos de extensão do pescoço.

VANTAGENS

Com as mãos livres ou com um elástico, esse movimento trabalha o pescoço sem, contudo, pressionar as vértebras cervicais, como é o caso das variantes com o peso ou no aparelho.

INCONVENIENTES

Mexer o pescoço dessa forma pode provocar tontura. É por essa razão que o exercício deve ser realizado lentamente, em tensão contínua. Tente também fechar os olhos, para ver se isso resolve o problema.

⚠ PERIGOS

Em nenhum momento você deve exercer uma pressão das mãos na direção do solo, pois isso poderia pressionar as vértebras cervicais.

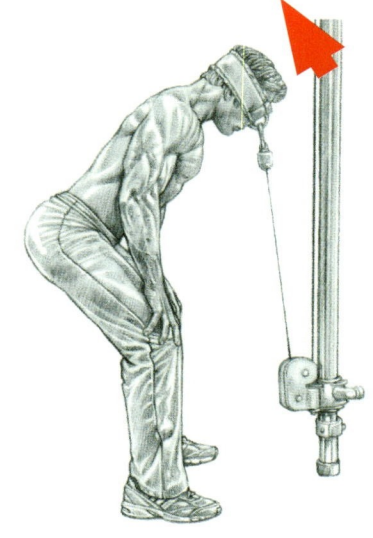

🅕 EXECUÇÃO DO MOVIMENTO COM A POLIA

FLEXÕES LATERAIS DO PESCOÇO

Este exercício de isolamento trabalha os músculos laterais do pescoço.

Em pé ou de joelhos, posicione a palma da mão direita em cima da orelha direita ❶. Com a força do pescoço, empurre o máximo possível a mão para o lado direito ❷. Mantenha a posição por pelo menos 5 segundos, contraindo ao máximo seus músculos. Em seguida, realinhe lentamente a cabeça empurrando-a com a mão enquanto o pescoço resiste. Assim que trabalhar o lado direito, passe imediatamente para o lado esquerdo.

❶

❷

PONTOS A SEREM OBSERVADOS

Não abuse da amplitude de seu pescoço, principalmente na posição de alongamento. Tanto em posição de alongamento quanto de contração, não incline demais a cabeça.

COMENTÁRIOS

Trabalhe de maneira lenta, em tensão contínua, quase de modo isométrico.

VARIANTES

Ⓐ Para evitar qualquer movimento sobre um pescoço já dolorido, esse exercício pode ser realizado de maneira estática.
Ⓑ Em vez de empurrar com a mão, você pode puxar com ela (ver p. 64).

Ⓒ Para aumentar a dificuldade do exercício, deite-se de lado para usar o peso da cabeça como resistência. Quando essa variante se tornar fácil demais, adicione um disco de peso em cima da orelha que faz face ao teto.
Ⓓ Para intensificar seu treino, um cinto em volta da cabeça permite que você se amarre a uma polia ou a um elástico.

Ⓓ **EXECUÇÃO DO MOVIMENTO COM A POLIA**

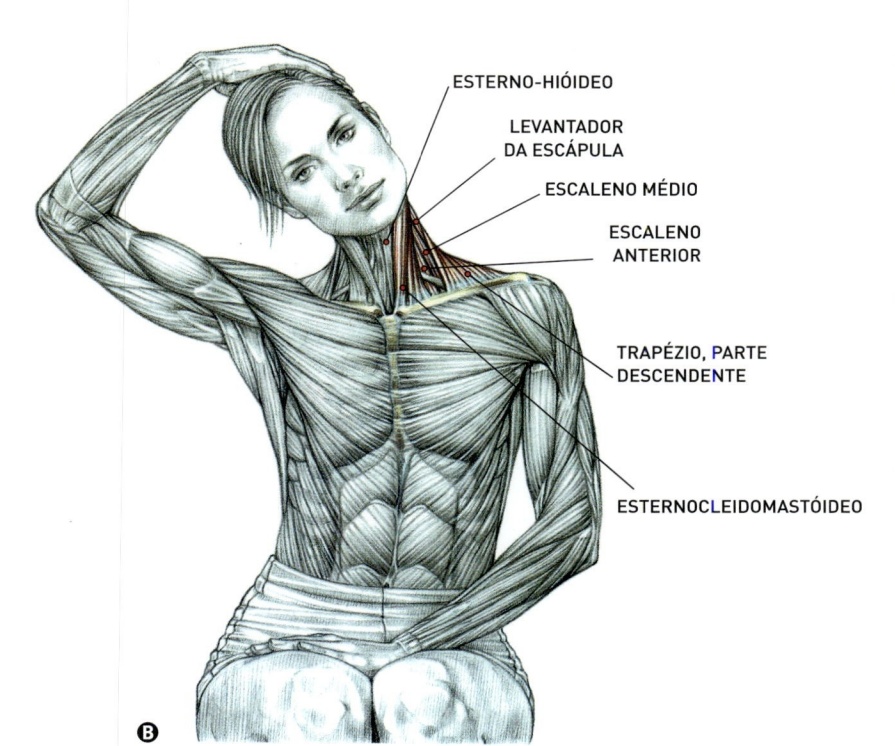

ESTERNO-HIÓIDEO
LEVANTADOR DA ESCÁPULA
ESCALENO MÉDIO
ESCALENO ANTERIOR
TRAPÉZIO, PARTE DESCENDENTE
ESTERNOCLEIDOMASTÓIDEO

Ⓑ

VANTAGENS

Esse exercício solicita músculos protetores do pescoço que são normalmente difíceis de serem trabalhados.

INCONVENIENTES

Qualquer movimento errado pode prejudicar a cervical. Fique então muito concentrado ao longo do exercício.

⚠ PERIGOS

O trabalho lateral é sem dúvida o mais perigoso para o pescoço. Contente-se com uma amplitude de movimento moderada.

REFORÇO DA MANDÍBULA

Se o menor golpe no queixo é suficiente para deslocar sua mandíbula, é preciso trabalhar os músculos de enrijecimento da articulação temporomandibular. Os deslocamentos incapacitantes e doloridos da mandíbula podem ser prevenidos com o reforço dos músculos de sustentação, que pode ser alcançado mastigando-se vários chicletes ao mesmo tempo, repetidas vezes. Porém, não abra muito a boca, pois você corre o risco de realizar um treino que desloca a mandíbula em vez de enrijecê-la. Você pode também praticar o movimento inverso, para reforçar os músculos antagonistas. Para isso, abra a boca enquanto os dois punhos são colocados sob a mandíbula como forma de resistência.

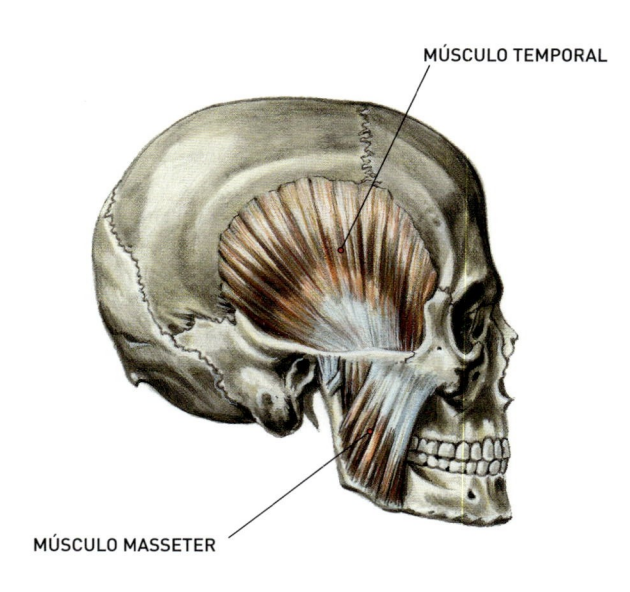

MÚSCULO TEMPORAL

MÚSCULO MASSETER

Os trapézios têm um papel triplo:

★ **1.** Além da força que eles proporcionam, protegem o pescoço. Esteticamente, trapézios volumosos dão a impressão de a pessoa ser "sem pescoço".

★ **2.** A combinação de trapézios fortes e um pescoço grosso é ideal para intimidar um adversário.

★ **3.** A parte ascendente dos trapézios estabiliza e protege a articulação dos ombros. Uma parte inferior fraca, assim como um desequilíbrio entre as regiões superior e inferior, favorecem as lesões do deltoide (Smith, 2009). Essa região pode ser reforçada com a puxada horizontal (ver p. 123).

As funções dos trapézios

Os trapézios são divididos em 3 segmentos:

★ **1.** a parte descendente que eleva os ombros: é ela que interessa prioritariamente ao lutador;

★ **2.** a parte ascendente tem uma ação antagônica em relação aos trapézios da parte descendente, abaixando os ombros;

★ **3.** a parte transversa que aproxima as escápulas uma da outra.

AÇÃO DO TRAPÉZIO

❶ PARTE DESCENDENTE ❷ PARTE TRANSVERSA ❸ PARTE ASCENDENTE

TRAPÉZIO

CLAVÍCULA

ACRÔMIO

ESPINHA DA ESCÁPULA

ESCÁPULA

COSTELA

VÉRTEBRA TORÁCICA

ENCOLHIMENTO

Este exercício de isolamento trabalha a parte descendente dos trapézios.

Em pé, braços estendidos ao longo do corpo, segure uma barra de levantamento de peso, 2 halteres, 2 *kettlebells* ❶ ou um aparelho adequado. Erga os ombros o mais alto possível, como se você quisesse tocar as orelhas com os trapézios ❷. Mantenha a contração 1 segundo antes de abaixar os ombros.
O alongamento deve ser máximo sem no entanto provocar pequenos estalos no pescoço (barulhos que indicam ligeiro deslocamento das vértebras cervicais).

❶

❷

PONTOS A SEREM OBSERVADOS

Não flexione os braços no início do movimento. Porém, em cima, para subir um pouco mais os ombros, você pode puxar ligeiramente os bíceps ❸.

❸

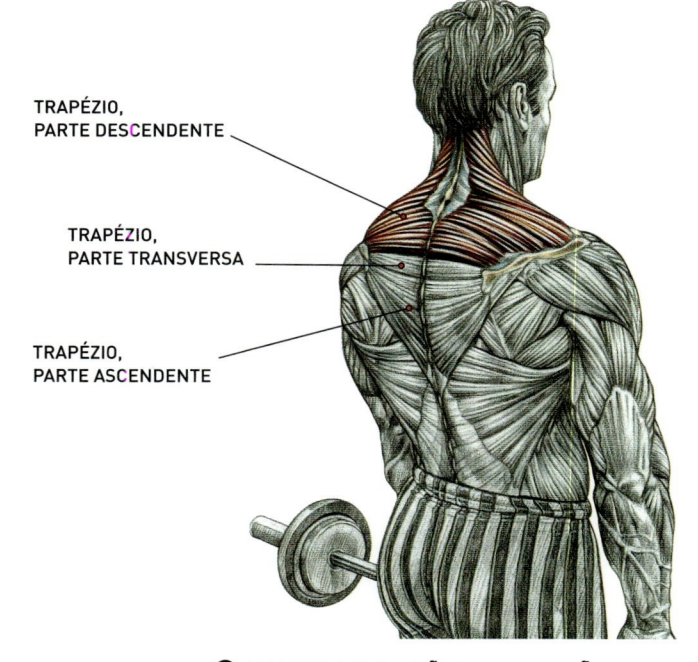

TRAPÉZIO, PARTE DESCENDENTE

TRAPÉZIO, PARTE TRANSVERSA

TRAPÉZIO, PARTE ASCENDENTE

Ⓑ COM UMA BARRA, MÃOS EM PRONAÇÃO

ⓐ Com halteres: você pode posicioná-los na frente ou atrás do corpo, assim como ao longo do corpo para mudar o ângulo de trabalho dos trapézios.

ⓑ Com uma barra: é possível colocar os braços na frente do corpo (mãos em pronação) ou atrás de você (mãos em pronação ou supinação). **ⓒ** No aparelho ou com a barra: a distância das mãos pode ser modificada para trabalhar os trapézios sob ângulos diferentes.
ⓓ Para reduzir a oscilação de uma barra, o encolhimento pode ser realizado na barra guiada.

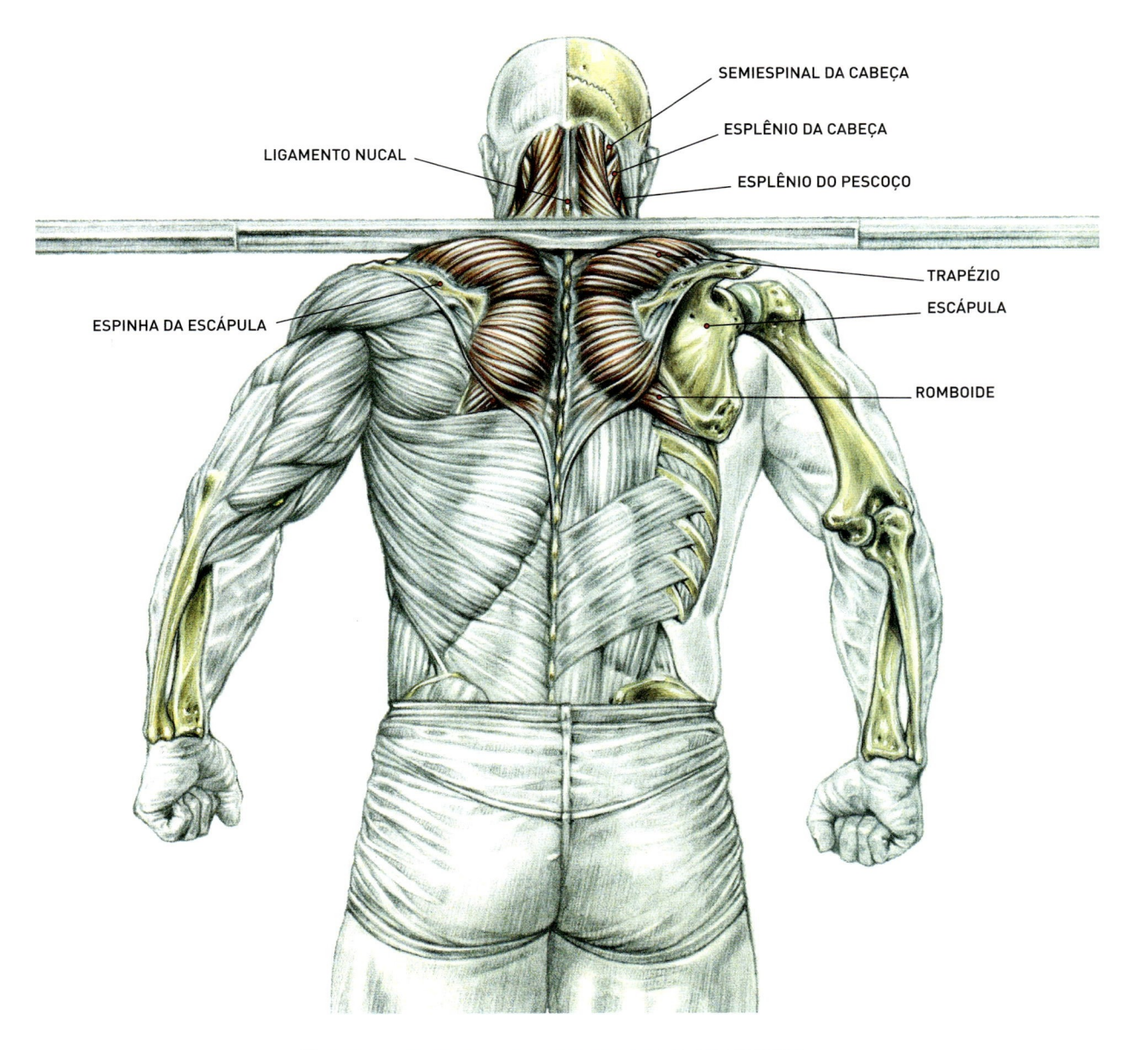

SEMIESPINAL DA CABEÇA

ESPLÊNIO DA CABEÇA

LIGAMENTO NUCAL

ESPLÊNIO DO PESCOÇO

TRAPÉZIO

ESCÁPULA

ESPINHA DA ESCÁPULA

ROMBOIDE

ⓓ ENCOLHIMENTO DELAVIER NA BARRA GUIADA SEM AS MÃOS

D EXECUÇÃO NA BARRA GUIADA SEM AS MÃOS

A diferença entre o encolhimento clássico e o encolhimento Delavier é que o último trabalha preferencialmente as fibras superiores do trapézio que se inserem sobre a espinha da escápula. O encolhimento clássico tem como alvo as fibras superiores que se inserem na clavícula.

VANTAGENS

O trabalho é direto nos trapézios. A única interferência é a das mãos, que podem ter dificuldade de conservar a pegada em uma série muito pesada. O uso de faixas (como o cinto de judô, por exemplo) resolve esse problema ❶ – ❷ – ❸.

INCONVENIENTES

A contração repetida da parte descendente do trapézios pode provocar dores de cabeça em razão de sua proximidade com as vértebras cervicais. É preciso então começar esse exercício com prudência.

⚠ PERIGOS

Como é possível pegar muito peso, a região lombar corre o risco de ficar comprimida. Cuidado para não machucar as costas manipulando cargas excessivas.

❶

❷

❸

USO DE UMA FAIXA OU DE UMA CORREIA PARA REFORÇAR A PEGADA.

REVESTIMENTO DA PAREDE ABDOMINAL

Na luta, mais que em qualquer outro esporte, as exigências colocadas sobre os músculos abdominais são enormes. Eles devem:

→ ser bem revestidos e portanto rígidos, para em caso de impacto proteger as vísceras;

→ agir como uma sólida ligação entre as coxas e o tronco;

→ ser potentes, fortes e resistentes para aumentar o impacto de seus golpes, mantendo-os também flexíveis e perfeitamente móveis para que você se esquive dos ataques, apesar dos traumatismos contínuos que sofrem.

Em razão dessa complexidade, o lutador deve trabalhar a parede abdominal em uma variedade de ângulos diferentes. Nenhum deve ser ignorado, para ter um máximo de eficiência durante a luta.

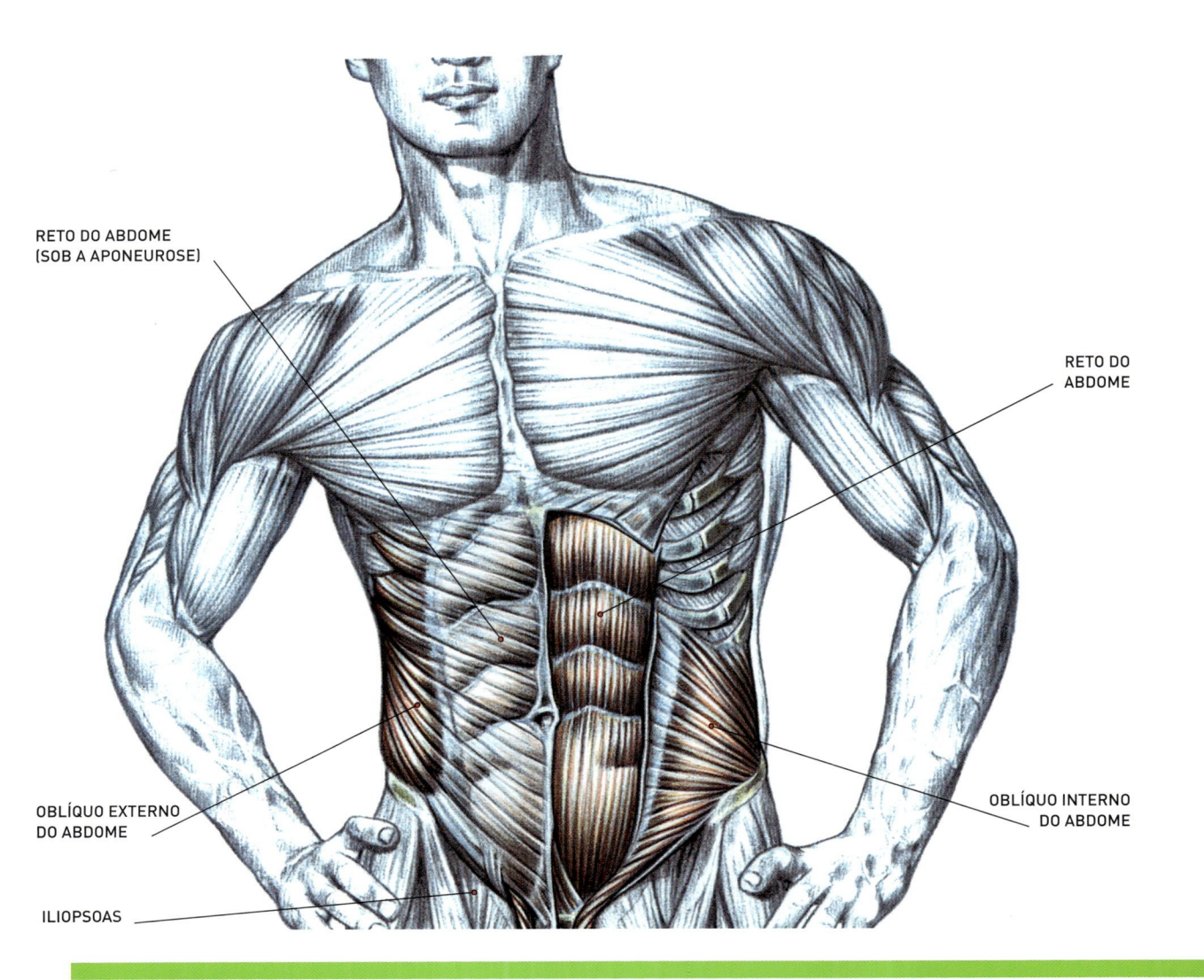

RETO DO ABDOME
(SOB A APONEUROSE)

RETO DO ABDOME

OBLÍQUO EXTERNO DO ABDOME

OBLÍQUO INTERNO DO ABDOME

ILIOPSOAS

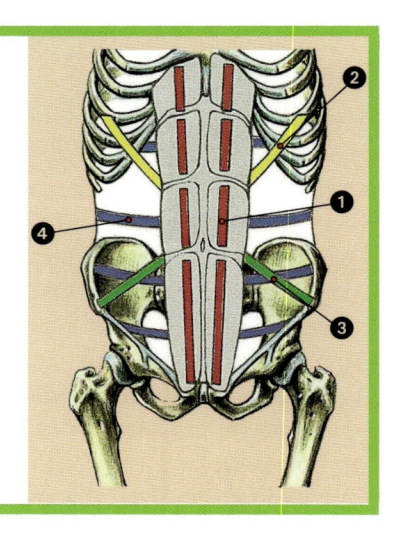

ESQUEMA MOSTRANDO A DIREÇÃO DA AÇÃO DOS MÚSCULOS DO ABDOME E O SISTEMA DE CONTENÇÃO DAS VÍSCERAS

Nos quadrúpedes, os músculos da parede abdominal oferecem suporte passivo às vísceras como uma maca e têm, em geral, um papel ativo relativamente limitado na locomoção.

No homem, com a passagem para a posição bípede, os músculos da parede abdominal foram consideravelmente reforçados para alinhar, em posição vertical, a pelve com o tronco, impedindo este último de oscilar excessivamente durante a caminhada ou a corrida. Eles se tornaram potentes músculos de contenção, revestindo as vísceras de uma maneira ativa.

❶ RETO DO ABDOME
❷ OBLÍQUO EXTERNO DO ABDOME
❸ OBLÍQUO INTERNO DO ABDOME
❹ TRANSVERSO DO ABDOME

ABDOMINAIS (ELEVAÇÃO DO TRONCO)

Este exercício de isolamento trabalha toda a parede abdominal e os flexores dos quadris.

OBJETIVOS PARA O LUTADOR

★ Reforçar toda a parede abdominal com a finalidade de proteção.

★ Desenvolver os flexores dos quadris, músculos indispensáveis para dar chutes ou joelhadas potentes (ver p. 94 e as seguintes).

Em decúbito dorsal, com os joelhos flexionados, pés apoiados contra o solo, bloqueados por um aparelho, um espaldar, ou segurados por um parceiro, as mãos são posicionadas no nível das orelhas ❶.

Levante os ombros de modo a tirar todo o tronco do solo. É preciso flexionar rapidamente o dorso, até que ele encontre as coxas ❷.

Volte para a posição inicial, depois recomece, sempre de maneira ritmada e sem pausas.

PONTOS A SEREM OBSERVADOS

A posição das mãos influencia na dificuldade do exercício. Para passar do mais difícil ao mais fácil, comece as elevações com os braços estendidos para trás ❸. Em caso de fadiga, coloque as mãos nos ombros para obter repetições extras.

Conclua dando impulso com os braços com movimentos de *shadow boxing*.

COMENTÁRIOS

Expire no momento da contração e inspire ao voltar o tronco para o solo.

VARIANTES

🅐 Para aumentar a resistência, segure um disco de peso atrás de sua cabeça ou um haltere sobre seus peitorais.

🅑 Em vez de realizar o exercício no solo, você pode usar pranchas de abdominais inclinadas que imobilizam os pés. Quanto mais altos ficarem os pés, mais difícil será o exercício.

🅒 Deite-se sobre uma bola ou uma meia-bola de ginástica, o que aumenta a amplitude do movimento.

🅑 **EXECUÇÃO DO MOVIMENTO EM UMA PRANCHA**

🅒 **EXECUÇÃO DO MOVIMENTO SOBRE UMA MEIA-BOLA DE GINÁSTICA COM OS PÉS SEGURADOS POR UM PARCEIRO**

❺ Elevações: passe de uma posição alongada com as costas no solo para uma posição em pé fazendo uma elevação auxiliada por um braço para se levantar. Com o tempo, tente dar cada vez menos impulso com o braço. Cada elevação é efetuada o mais rápido possível para que se torne natural voltar em um piscar de olhos para uma posição de combate.

Ⓓ EXECUÇÃO DO MOVIMENTO COM AS PERNAS ESTENDIDAS

Ⓓ Em vez de flexionar os joelhos em 90 graus, alguns preferirão conservá-los estendidos, pés afastados, o que acentuará o papel dos flexores dos quadris.

❺ EXECUÇÃO DO MOVIMENTO DE ELEVAÇÃO, DE UMA POSIÇÃO ALONGADA A UMA POSIÇÃO EM PÉ

VANTAGENS

As elevações são o movimento mais completo para a parede abdominal e os flexores dos quadris.

INCONVENIENTES

Quanto mais significativa for a tensão gerada pelos flexores dos quadris, mais a região lombar estará sendo submetida a rudes provas. A menor dor discal indica que é preferível evitar o exercício.

⚠ RISCOS

Não arqueie as costas para trás. Pelo contrário, a curva deve ser para a frente, de modo a proteger a coluna vertebral.

Este exercício de isolamento trabalha todo o abdome, principalmente o alto do reto do abdome.

OBJETIVOS PARA O LUTADOR

★ Poder bloquear melhor um adversário contra o solo ou o ringue.

★ Aumentar sua potência geral em um corpo a corpo.

Em pé, com uma polia alta colocada atrás do corpo, segure o aparelho por meio de uma corda. ❶. Incline vigorosamente o tronco para a frente como se fosse atacar com força um adversário durante um corpo--a-corpo. ❷. Desça ao menos 50 cm antes de voltar à posição de partida.

❶   ❷

VARIANTES

❹ Ajoelhado, com uma polia alta colocada atrás da cabeça, pegue o aparelho por meio de uma corda para tríceps ou de uma barra. Curve o tronco para se inclinar para a frente como se quisesse bloquear um adversário contra o solo. Mantenha a contração por 10 segundos, antes de retornar à posição de partida.

❺ Deitado, costas no solo, uma polia baixa colocada atrás da cabeça, pegue o aparelho por meio de uma corda que passe entre o pescoço e o ombro esquerdo. ❹

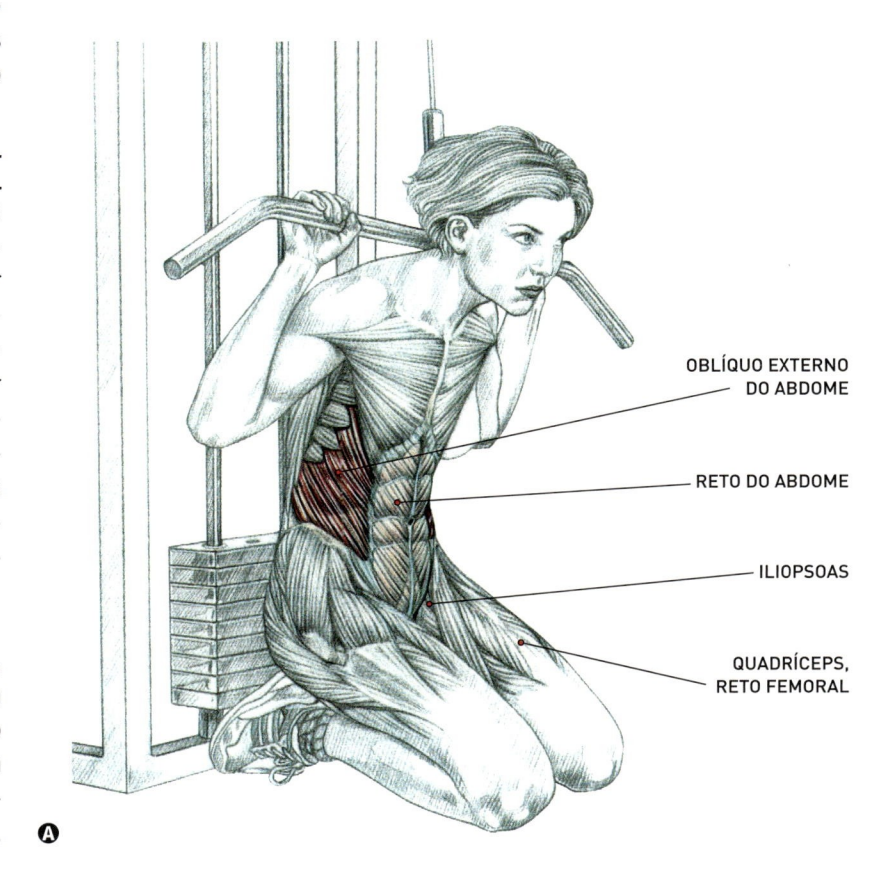

OBLÍQUO EXTERNO DO ABDOME

RETO DO ABDOME

ILIOPSOAS

QUADRÍCEPS, RETO FEMORAL

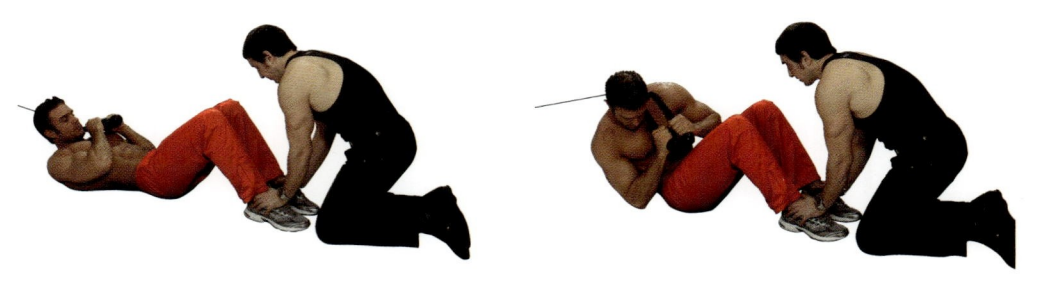

Ⓑ **EXECUÇÃO DO MOVIMENTO DEITADO**

Puxe em diagonal como se quisesse se livrar de um adversário que o mantém com as costas no solo. Levante o lado esquerdo do tronco ao menos 30 cm, antes de retornar à posição de partida. Depois de ter realizado a série de torções com a corda à esquerda, faça o mesmo com a corda à direita.

PONTOS A OBSERVAR

Nos três casos, mantenha as costas levemente arredondadas para a frente. Não curve as costas para trás.

VANTAGENS

A polia permite regular com exatidão a resistência do exercício. Os abdominais são trabalhados de maneira muito diferente dependendo da técnica utilizada (de modo explosivo com o exercício principal e a variante Ⓑ; de modo isométrico com a variante Ⓐ).

INCONVENIENTES

Com o aumento da carga, torna-se difícil permanecer bem ancorado ao solo e controlar com precisão a trajetória do tronco durante a subida. Mas essas limitações também serão enfrentadas durante o combate.

⚠ PERIGOS

Se a carga controlar demais o movimento, você correrá o risco de, na melhor das hipóteses, fazer um movimento sem controle, e na pior, se machucar.

ROTAÇÕES DO TRONCO

Este exercício de isolamento trabalha o oblíquo interno e o oblíquo externo, assim como o reto do abdome.

OBJETIVOS PARA O LUTADOR

★ Ampliar a potência dos golpes de punho, aumentando a contribuição do abdome.

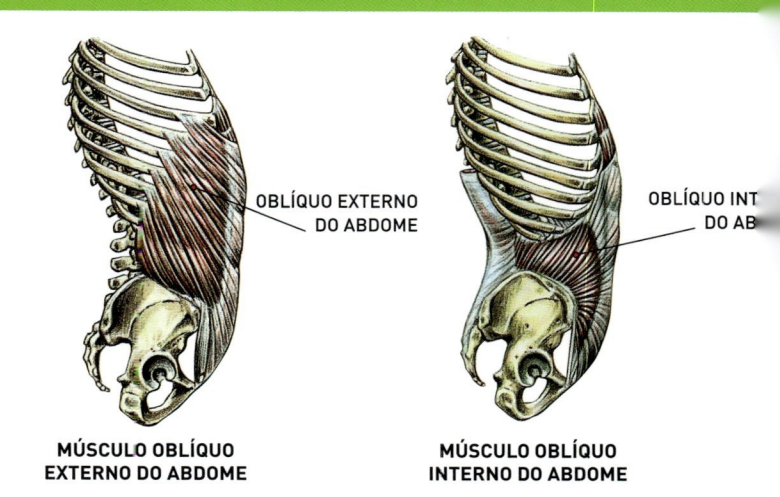

OBLÍQUO EXTERNO
DO ABDOME

OBLÍQUO INT
DO AB

**MÚSCULO OBLÍQUO
EXTERNO DO ABDOME**

**MÚSCULO OBLÍQUO
INTERNO DO ABDOME**

★ Controlar a força a fim de poder se libertar mais facilmente durante um bloqueio, com as costas no solo.

Deitado de costas, pernas dobradas, pés apoiados sob um aparelho, uma barra na parede ou segurados por um parceiro ❶. Mãos nas orelhas ou segurando um bastão, levante o ombro direito levando o cotovelo direito para o joelho esquerdo ❷. Faça uma rotação para a esquerda e, depois, outra para a direita na próxima repetição.

VARIANTES

❶ A fim de aumentar a dificuldade do exercício, utilize uma prancha de abdominais inclinada, em vez de ficar no solo. Você aumentará ainda mais a dificuldade se usar um peso.

❷ Deite-se sobre uma bola ou meia-bola de ginástica, o que aumenta a amplitude do movimento.

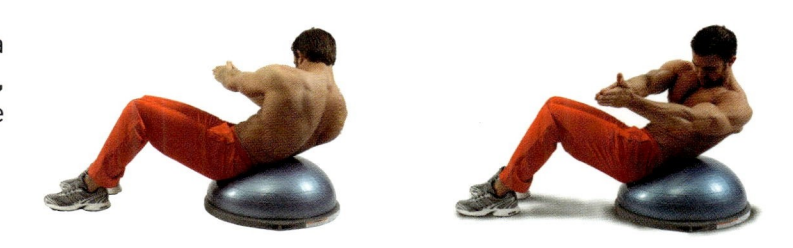

Ⓐ EXECUÇÃO DO MOVIMENTO SOBRE UMA PRANCHA DE ABDOMINAIS COM *MEDICINE BALL*

Ⓑ EXECUÇÃO DO MOVIMENTO SOBRE UMA MEIA-BOLA DE GINÁSTICA

Ⓑ EXECUÇÃO DO MOVIMENTO SOBRE UMA BOLA DE GINÁSTICA, COM OS PÉS SEGURADOS POR UM PARCEIRO

Ⓒ Em vez de utilizar o tronco como fonte de resistência, você pode realizar este exercício com uma polia ou uma faixa elástica. Com essa variante, é possível modular a direção da força, colocando a polia ou o elástico em alturas variáveis.

VANTAGENS
As rotações do tronco preparam muito bem o lutador.

INCONVENIENTES
Como é preciso treinar o lado direito e o esquerdo, gasta-se muito tempo nisso.

Ⓒ **COM ELÁSTICO**

Ⓒ **COM POLIA**

⚠ PERIGOS
Para não prejudicar os discos intervertebrais, preste atenção em dois pontos:

→ não faça uma rotação de amplitude superior a 30 cm;
→ não curve as costas para trás.

A IMPORTÂNCIA DAS ROTAÇÕES DO TRONCO NA LUTA

Inúmeros golpes ocorrem graças a uma rotação do tronco. Por exemplo, o golpe de punho é iniciado com a rotação do tronco para trás, como um pré-alongamento. Assim, é importante trabalhar os músculos responsáveis por essas torções a fim de:
→ ganhar potência de rotação ao aumentar o impacto dos golpes;
→ aumentar suas capacidades de se libertar ou de colocar o adversário no solo;
→ prevenir lesões musculares, muito frequentes nessa região relativamente frágil.
É preciso trabalhar as rotações pelas duas "extremidades" com:
→ o tronco que realiza a rotação enquanto as coxas permanecem fixas;
→ as coxas que realizam a rotação quando o tronco está bloqueado.
Esses dois casos se apresentam no combate. O primeiro ocorre em pé, mas também em determinadas situações com as costas no solo, enquanto tentamos virar com ajuda do tronco. O segundo ocorre com as costas no solo, enquanto tomamos impulso com as pernas para ficar sobre o adversário.

ROTAÇÕES DAS PERNAS NA BARRA FIXA

Este exercício de isolamento trabalha os oblíquos.

OBJETIVOS PARA O LUTADOR

★ Habituar-se a se libertar ou a virar um adversário usando as pernas, quando houver um bloqueio com as costas no solo.

Suspenso em uma barra fixa, coloque as mãos em pronação (polegares voltados um para o outro), com um afastamento levemente superior à largura dos ombros. Pernas estendidas, leve os pés o mais alto possível na direção do teto ❶. Com a força dos oblíquos, leve o quadril para a esquerda ❷. Não faça uma rotação de amplitude superior a 90 graus antes de subir novamente. Realize uma repetição para a esquerda e, depois, uma para a direita ❸.

VARIANTES

ⓐ Você pode conservar as pernas estendidas (desse modo, o exercício será mais difícil) ou elevar as panturrilhas em direção às coxas (desse modo, será mais fácil).

ⓑ Se o exercício for difícil demais na barra fixa, ele pode ser realizado com as costas no solo. Você pode se estabilizar segurando um apoio com as mãos.

❶ ❷ ❸

ⓑ EXECUÇÃO DO MOVIMENTO COM AS MÃOS SOBRE OS TORNOZELOS DE UM PARCEIRO

C Quando o movimento tornar-se fácil demais, coloque uma *medicine ball* entre as coxas. Assim, você aumentará a dificuldade e se acostumará a trabalhar os adutores como se apertasse o tronco de um adversário a fim de virá-lo com as pernas.

C

VANTAGENS
Além dos oblíquos, os braços e as coxas fornecem um intenso esforço de estabilização, o que leva vários músculos a trabalharem em conjunto.

INCONVENIENTES
Não vire exageradamente.

⚠ PERIGOS
Se você tem problemas nas costas, essas rotações não devem ser realizadas.

PRANCHA ESTÁTICA

Este exercício de isolamento trabalha todo o abdome de modo isométrico.

OBJETIVO PARA O LUTADOR
★ Endurecer o abdome e aumentar a força e a resistência estáticas.

Alongado no solo, rosto voltado para baixo, apoiado nos cotovelos e nas pontas dos pés, corpo mais reto possível, mantenha essa posição estática por pelo menos 30 segundos ❶.

PONTOS A OBSERVAR
Se você tiver dificuldade para colocar as mãos no solo, feche os punhos e coloque as mãos em posição neutra (só o dedo mínimo fica em contato com o solo). Se o peso da cabeça parecer desconfortável demais, incline-a para a frente a fim de apoiar a testa nas mãos. Um tapete de ginástica evitará dores desnecessárias no antebraço.

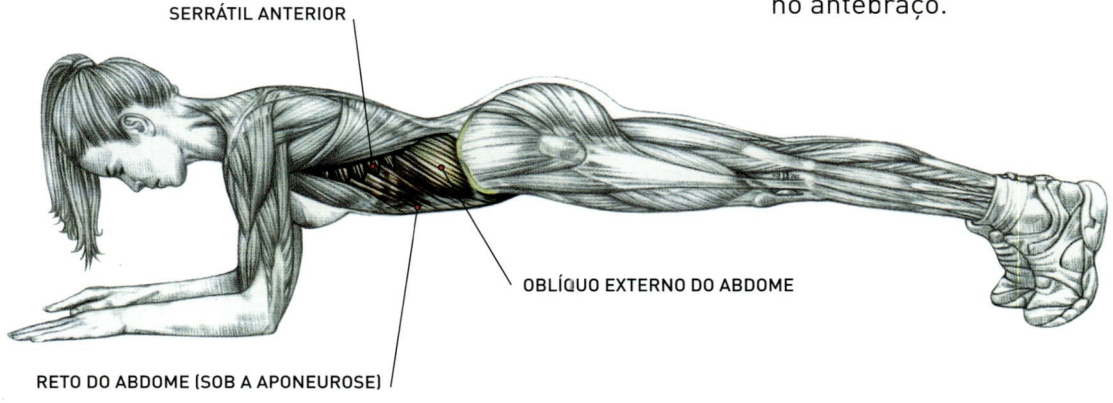

SERRÁTIL ANTERIOR

OBLÍQUO EXTERNO DO ABDOME

❶ RETO DO ABDOME (SOB A APONEUROSE)

VARIANTES

Ⓐ A fim de aumentar a dificuldade do exercício, um parceiro poderá colocar um peso sobre as suas coxas ou se sentar sobre você. Nesse caso, cuidado para não curvar as costas.

Ⓑ O mesmo exercício em posição lateral trabalha sobretudo os oblíquos. Se inicialmente essa variante for difícil demais, coloque a mão livre no solo para dar apoio.

VANTAGENS

Essa estabilização não exige nenhum material e pode ser realizada em pouquíssimo tempo. Entre adversários, ela pode se tornar lúdica em um desafio para ver quem se sustenta por mais tempo.

INCONVENIENTES

As contrações estáticas não devem ser, em caso algum, o único modo de trabalhar o abdome pelos motivos citados no início deste capítulo.

⚠ PERIGOS

Se curvar as costas, você corre o risco de pinçar os discos intervertebrais. Embora o bloqueio respiratório facilite o exercício, não prenda a respiração! Se sentir que a respiração está travada, expire de forma curta e lenta.

Ⓐ COM UM PESO

Ⓐ COM UM PARCEIRO SOBRE AS COSTAS

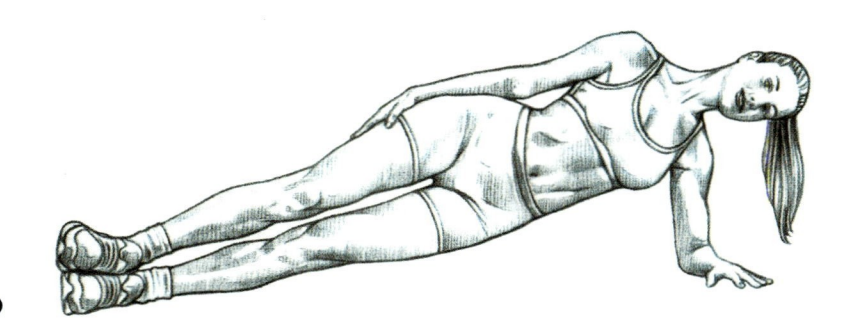

Ⓑ

GOLPES DE PUNHO E GOLPES DE COTOVELO

Os golpes de punho utilizam quase todos os músculos do corpo. Além da técnica, a eficácia de um golpe de punho dependerá da potência muscular e também da coordenação entre os diferentes grupos de músculos (coxas, rotação do tronco e braços). Dentre esse trio de parâmetros, técnica/potência/coordenação, os exercícios a seguir visam aperfeiçoar os dois últimos.

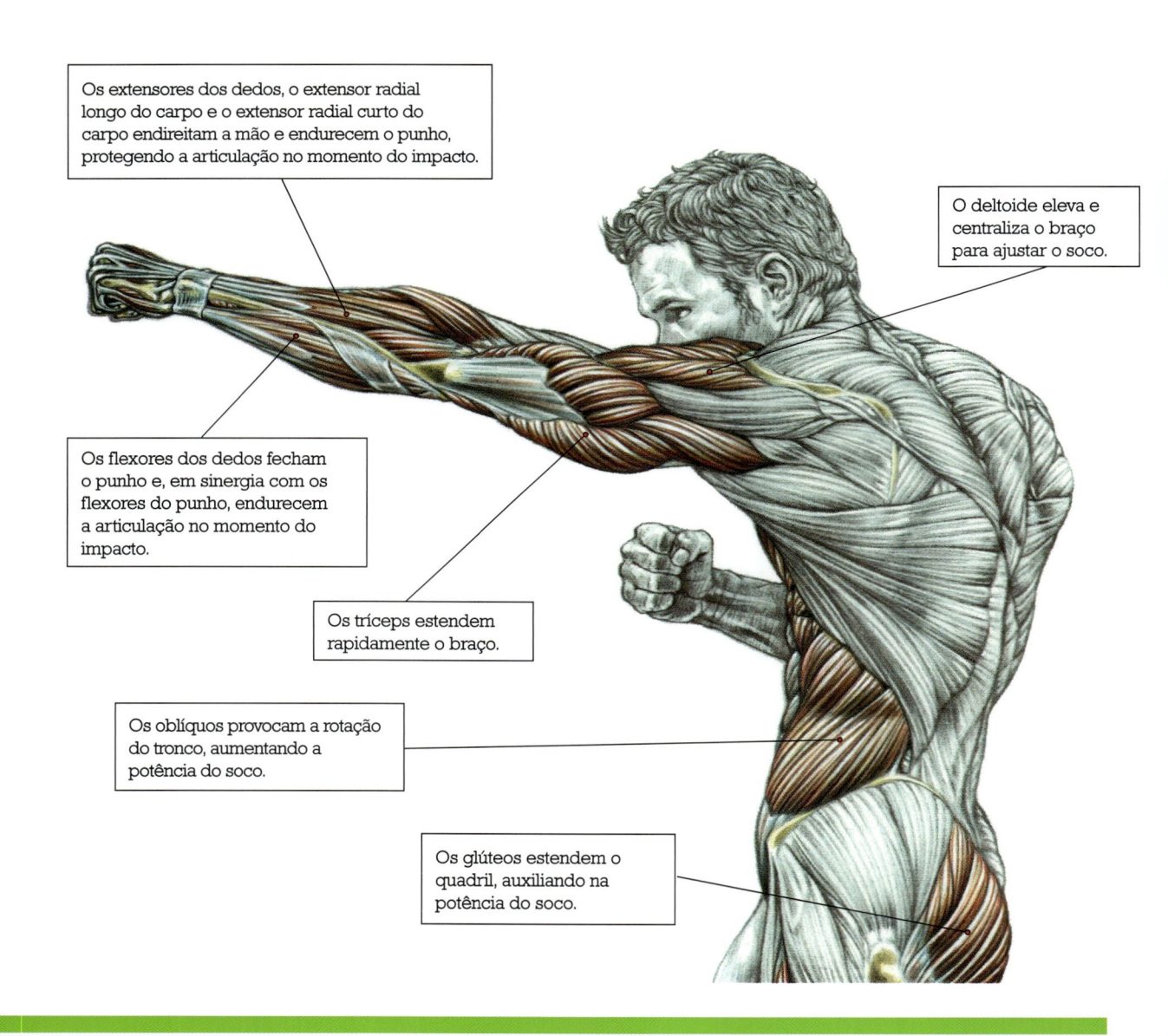

Os extensores dos dedos, o extensor radial longo do carpo e o extensor radial curto do carpo endireitam a mão e endurecem o punho, protegendo a articulação no momento do impacto.

O deltoide eleva e centraliza o braço para ajustar o soco.

Os flexores dos dedos fecham o punho e, em sinergia com os flexores do punho, endurecem a articulação no momento do impacto.

Os tríceps estendem rapidamente o braço.

Os oblíquos provocam a rotação do tronco, aumentando a potência do soco.

Os glúteos estendem o quadril, auxiliando na potência do soco.

DESENVOLVIMENTO DEITADO (SUPINO), PEGADA FECHADA

Este exercício de base trabalha os tríceps, peitorais e ombros.

OBJETIVOS PARA O LUTADOR

★ Reforçar todos os músculos da parte superior do corpo, em especial os que dão potência para os golpes de punho e para o punho martelo.

★ Aumentar a força a fim de repelir um adversário quando se está com as costas no solo.

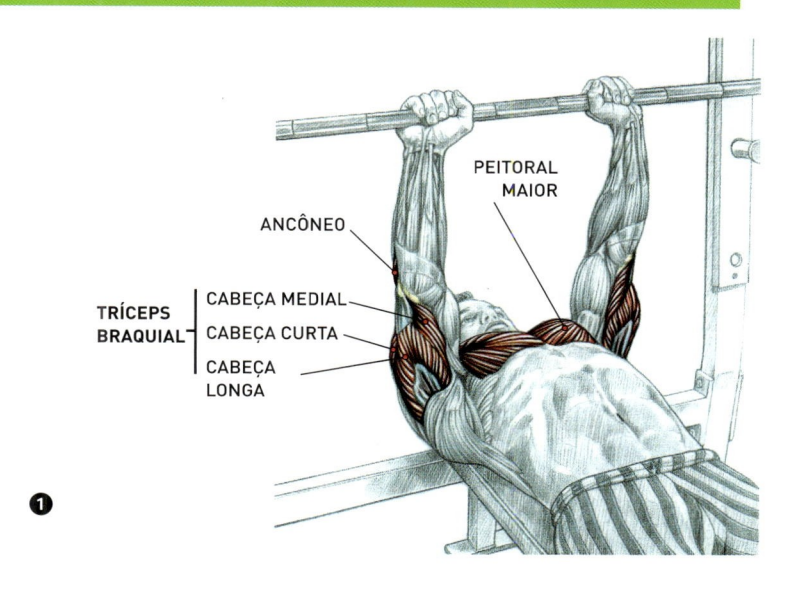

Deite-se sobre um banco para supino ou sob uma Smith *machine*. **O afastamento das mãos, que se encontram em pronação (polegares voltados um para o outro) deve corresponder à largura com a qual você ataca ❶. Se você segurar mais distante, vai se beneficiar com um aumento de força, mas o trabalho muscular não corresponderá em nada aos golpes usados durante um combate, pois raramente atacamos para fora. Desça a barra até os peitorais antes de subir com potência para estender os braços.**

PONTOS A OBSERVAR

Quanto mais estreita for a pegada, com os cotovelos para fora, mais os tríceps serão solicitados.

VARIANTES

❶ Em vez de encadear as repetições, faça uma pausa, repousando a barra sobre os pontos de apoio de segurança baixos, segundo um estilo "stop and go". Marque uma parada de pelo menos 3 segundos antes de estender os braços. Esse ritmo de contração muscular, mais próximo do que é encontrado em um combate, permitirá manipular as cargas com mais resultados.

❸ O supino parcial, que consiste em só realizar a fase superior do movimento (perto da extensão completa dos braços), visa ainda mais aos tríceps do que o supino completo. Essa variante trabalha os golpes diretos como o punho martelo. Nesse caso, a potência do soco baseia-se essencialmente na força do tríceps.

Esses ataques são similares a uma extensão dos tríceps, cuja força é aumentada com o supino parcial.

❻ Para treinar o ataque a um adversário mais baixo do que você, ou para conseguir fazê-lo quando ele estiver no solo, use um banco levemente abaixado.

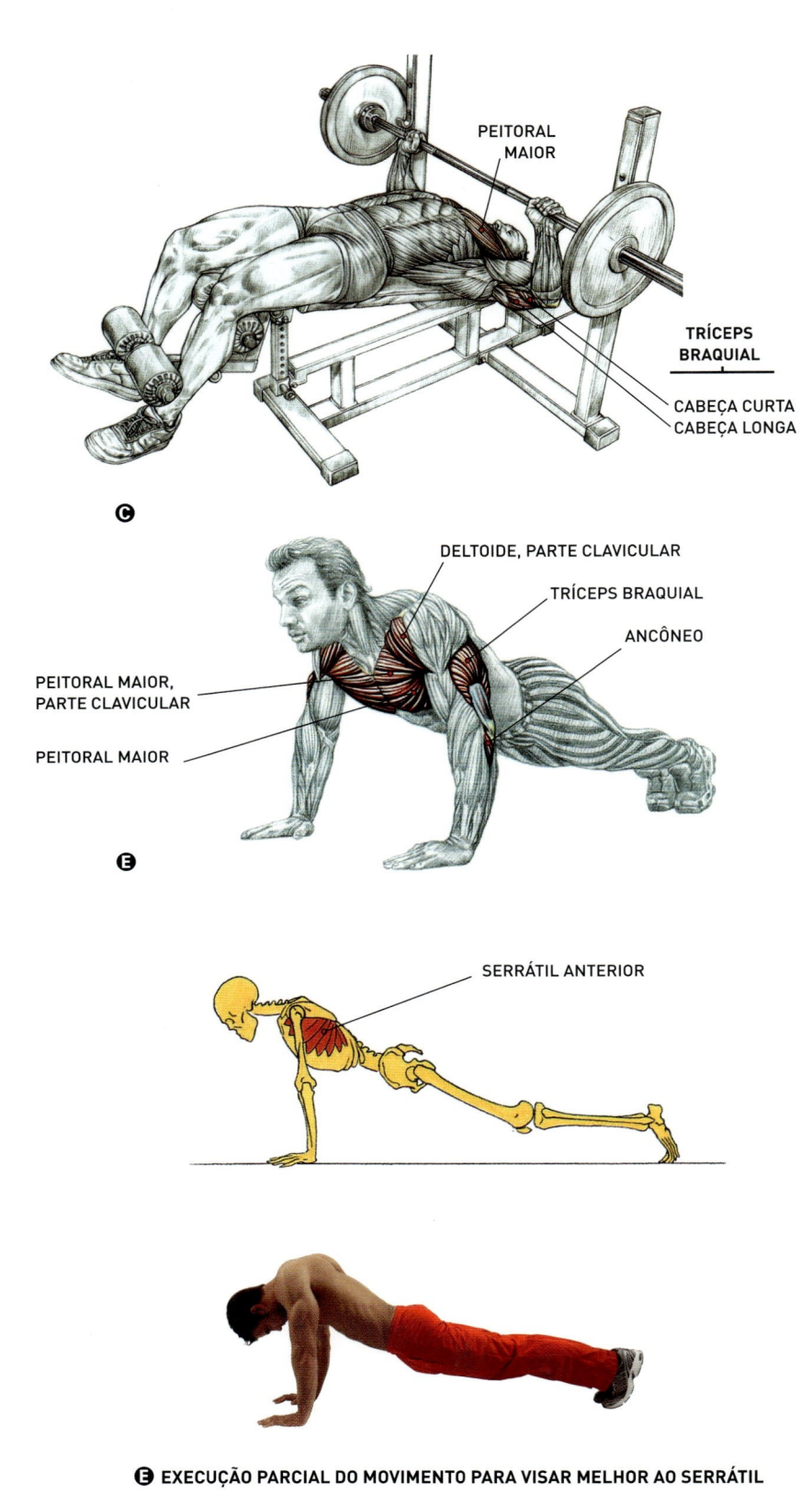

PEITORAL MAIOR

TRÍCEPS BRAQUIAL

CABEÇA CURTA
CABEÇA LONGA

C

DELTOIDE, PARTE CLAVICULAR

TRÍCEPS BRAQUIAL

ANCÔNEO

PEITORAL MAIOR,
PARTE CLAVICULAR

PEITORAL MAIOR

E

SERRÁTIL ANTERIOR

E EXECUÇÃO PARCIAL DO MOVIMENTO PARA VISAR MELHOR AO SERRÁTIL

D Para treinar o ataque a um adversário mais alto do que você ou para reforçar o golpe direto no queixo, utilize um banco levemente inclinado.

E Uma variação pode ser realizada fazendo flexões no solo. A grande vantagem em relação ao desenvolvimento é que as escápulas não ficam imobilizadas por um banco. Os músculos serráteis anteriores são assim obrigados a intervir a fim de estabilizá-las. Os serráteis fazem parte dos músculos que ajudam a projetar o braço para a frente. Portanto, eles aumentarão a potência dos golpes de punho. Para um trabalho mais específico do serrátil anterior, ou se você não tiver mais força para as flexões, faça um movimento parcial, com os braços estendidos, afundando e realinhando as escápulas.

F Em vez de trabalhar em um banco, coloque uma almofada levemente elevada em relação ao solo, a fim de empurrar melhor com as coxas. O objetivo é imitar o trabalho de defesa com as costas no solo. A fim de aumentar a dificuldade, segure uma *medicine ball* entre as pernas durante toda a série para trabalhar também as coxas. De fato, no solo, os braços trabalham sempre em conjunto com as pernas.

VANTAGENS

Não se trata de um exercício específico para a luta, mas ele é útil para os iniciantes em musculação, a fim de aumentar rapidamente a força nos músculos do tronco.

INCONVENIENTES

Raramente golpeamos com os dois braços ao mesmo tempo e, principalmente, não com as escápulas fixas em um banco. Depois de ter aumentado a força no supino, será preciso passar ao exercício de soco mais específico para a luta, que descreveremos a seguir.

⚠ PERIGOS

Quanto maior sua extensão, mais o desenvolvimento se torna perigoso para os peitorais e a articulação dos ombros.

GOLPES DE PUNHO E GOLPES DE COTOVELO COM UM ELÁSTICO OU COM POLIA

Este exercício básico trabalha os tríceps, os peitorais, o serrátil anterior, os ombros, os oblíquos, as coxas e as panturrilhas.

OBJETIVO PARA O LUTADOR

★ Treinar a sincronização muscular e aumentar a potência das quatro alavancas que dão força ao golpe de punho: apoio nas pernas (panturrilhas, quadríceps, glúteos) + rotação do tronco (oblíquos) + projeção do ombro para a frente (serrátil, deltoide, peitorais) + extensão do braço (tríceps).

Em pé, com uma polia alta ou um elástico fixado atrás de você, segure de mão fechada. ❶ Coloque-se em posição de defesa e soque o mais vigorosamente possível ❷ antes de se recolocar em posição de-fensiva. Não encadeie as repetições de modo mecânico. Faça uma pausa de pelos menos 1 a 2 segundos em posição de defesa entre dois golpes. Quando tiver terminado uma série com um braço, passe para o outro lado, sem descansar.

PONTOS A OBSERVAR

O ideal é socar algum objeto (uma meia-bola ❸, por exemplo) e não o vazio.

❶

❷

❸

COMENTÁRIOS

Trata-se de um movimento que deve ser o mais explosivo possível. É a velocidade de execução do golpe que deve prevalecer sobre a carga.

VARIANTES

Ⓐ Mude a orientação do cotovelo a fim de trabalhar todos os diferentes tipos de golpes de punho e não apenas um.

Ⓐ

Ⓑ Usando uma polia baixa, você pode trabalhar o golpe direto no queixo.

Ⓑ

Ⓒ Uma faixa elástica passada nas costas ou uma polia dupla permite encadear os golpes de um braço após os do outro ou golpear de modo aleatório.

Ⓒ

Ⓓ Incline-se para a frente, como se fosse socar um adversário no solo.

Ⓓ

Ⓔ Em vez de ficar em pé, ajoelhe-se como se fosse socar, em *ground and pound*, um adversário no solo.

Ⓒ EXECUÇÃO DO GOLPE DE PUNHO DE JOELHOS

Ⓕ Sempre de joelhos, dê golpes de cotovelo como se fosse atacar um adversário no solo.

Ⓕ EXECUÇÃO DO GOLPE DE COTOVELO DE JOELHOS

VANTAGENS

O sentido da resistência é perfeitamente orientado. Isso contrasta com os golpes projetados, com halteres nas mãos, que só trabalham os ombros.

INCONVENIENTES

A fase de relaxamento é ausente, o que significa que é preciso treinar também sem resistência, em um saco de pancadas.

⚠ PERIGOS

A articulação do ombro é muito solicitada, então realize um bom aquecimento antes de todos os treinamentos de golpe de punho, usando a rotação lateral do ombro, realizada com um elástico ou uma polia colocada a meia altura.

EXECUÇÃO DA ROTAÇÃO LATERAL DO OMBRO COM POLIA

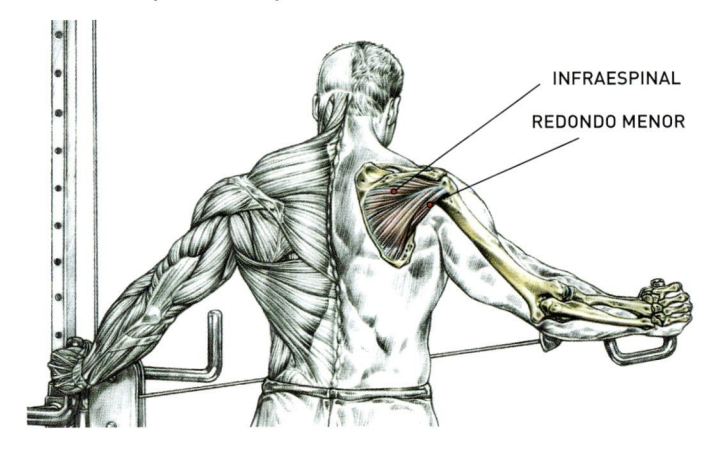

INFRAESPINAL

REDONDO MENOR

A rotação lateral do ombro constitui um bom aquecimento para essa articulação.

LANÇAMENTOS DE *MEDICINE BALL*

Este exercício básico trabalha os tríceps, os ombros e o abdome.

OBJETIVO PARA O LUTADOR

★ Aumentar a explosão do golpe de punho.

Os abdominais (ver p. 70) podem ser associados com um lançamento da *medicine ball*. Com a bola segurada no alto dos peitorais ❶, eleve o tronco, projetando a *medicine ball* o mais forte possível ❷. O lançamento deve ser realizado antes que o tronco chegue aos joelhos.
Um parceiro fica em pé, a seus pés, a fim de receber a bola e devolvê-la antes do início da descida do tronco.

❸

praticamente não há trabalho negativo quando se desfere um golpe de punho. Essa particularidade fisiológica deve ser respeitada no treinamento de musculação.

VARIANTE

Em vez de lançar a *medicine ball* em linha reta, faça uma rotação do tronco para jogá-la a um parceiro que se posicione à sua esquerda ou à direita. O ideal é que o parceiro de luta se desloque a cada lançamento, a fim de obrigá-lo a lançar a bola para um lugar diferente a cada repetição.

VANTAGENS

Esse movimento lúdico trabalha a explosão.

PONTOS A OBSERVAR

O parceiro deve colocar a bola nas suas mãos ❸. É importante que ele não a jogue para você, para evitar uma repetição excêntrica que prejudicaria o músculo e retardaria a recuperação muscular. Durante um combate,

INCONVENIENTES

Deveríamos treinar em pé, mas o exercício teria menos interesse para o abdome.

⚠ PERIGOS

Evite dobrar as costas, mesmo que isso pareça lhe dar estabilidade para o lançamento.

VARIANTE COM ROTAÇÃO

OS ANTEBRAÇOS

Para evitar que o punho se torça no momento do impacto, é preciso trabalhar os extensores e os flexores dos antebraços a fim de tornar o punho mais firme. Rigidez no impacto não significa perda de flexibilidade. Só é necessário que no momento em que o golpe atinge o adversário, os músculos do antebraço estejam fortalecidos de tal modo que previnam os micromovimentos do punho, fatores de ineficácia do golpe e também causas de traumatismos articulares. Para conseguir isso, existem dois exercícios: as extensões do punho e as flexões (enrolamento) do punho.

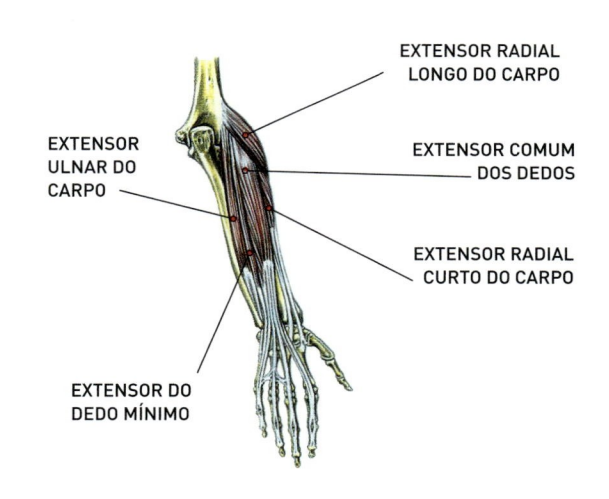

EXTENSOR RADIAL LONGO DO CARPO

EXTENSOR ULNAR DO CARPO

EXTENSOR COMUM DOS DEDOS

EXTENSOR RADIAL CURTO DO CARPO

EXTENSOR DO DEDO MÍNIMO

EXTENSÕES DOS PUNHOS

Este exercício de isolamento trabalha a parte externa do antebraço.

OBJETIVO PARA O LUTADOR

★ Reforçar e firmar os músculos extensores evitando que o punho se torça para dentro com o impacto.

Sentado, pegue pelas extremidades uma barra (reta ou w) ou um haltere, mãos em pronação (polegares voltados um para o outro) ❶. Coloque os antebraços sobre as coxas enquanto as mãos ficam penduradas ❷. Com a força dos antebraços, levante as mãos ❸. Mantenha a contração por 1 segundo antes de descer lentamente.

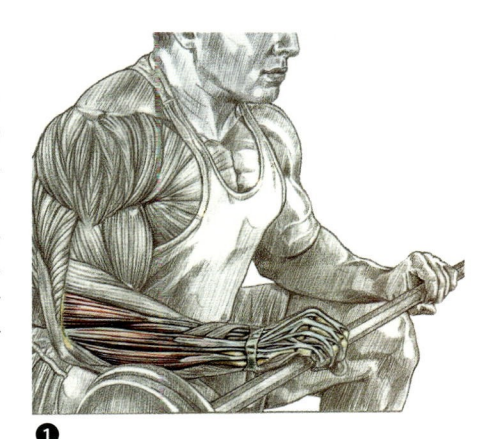

❶

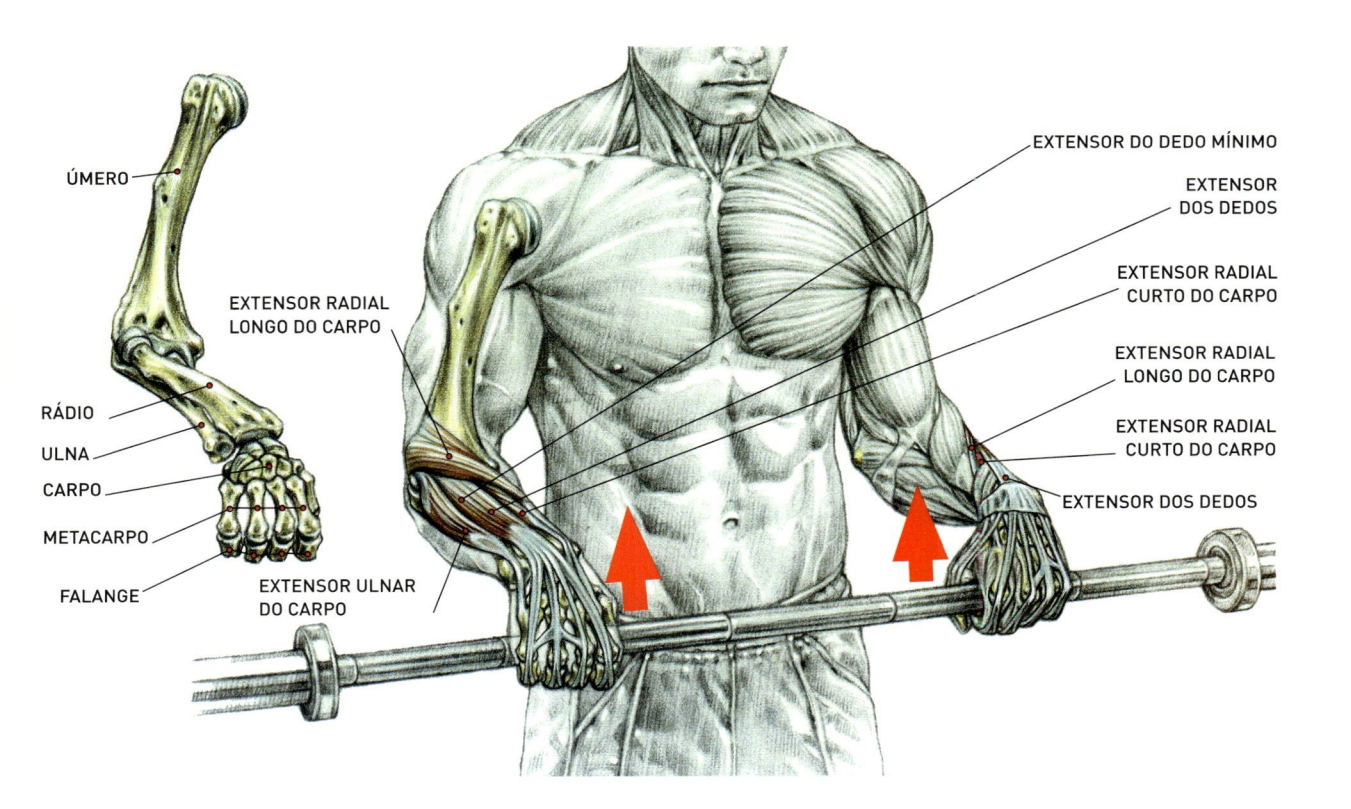

ÚMERO

EXTENSOR RADIAL LONGO DO CARPO

RÁDIO

ULNA

CARPO

METACARPO

FALANGE

EXTENSOR ULNAR DO CARPO

EXTENSOR DO DEDO MÍNIMO

EXTENSOR DOS DEDOS

EXTENSOR RADIAL CURTO DO CARPO

EXTENSOR RADIAL LONGO DO CARPO

EXTENSOR RADIAL CURTO DO CARPO

EXTENSOR DOS DEDOS

MOVIMENTO DE EXTENSÃO DOS PUNHOS DO MOTOCICLISTA

PONTOS A OBSERVAR

Quanto mais os braços estiverem estendidos, mais força você terá.

VANTAGENS

Os extensores são naturalmente menos fortes do que os flexores. As extensões de punho constituem assim o movimento de proteção do punho mais importante para o lutador.

INCONVENIENTES

Muitos têm dificuldade ao segurar uma barra reta. Não force seus punhos querendo imitar os outros. Uma barra w ❹ permite manter os polegares um pouco mais elevados do que os dedos mínimos, o que evita a torção do punho.

⚠ PERIGOS

Não estenda demais os extensores na parte de baixo do movimento, alongando os punhos excessivamente.

FLEXÃO (ENROLAMENTO) DOS PUNHOS

MÚSCULOS FLEXORES DO PUNHO

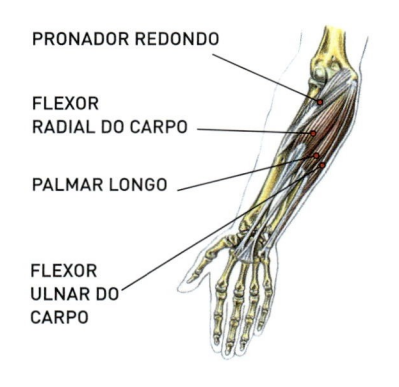

PRONADOR REDONDO
FLEXOR RADIAL DO CARPO
PALMAR LONGO
FLEXOR ULNAR DO CARPO

CAMADA SUPERFICIAL

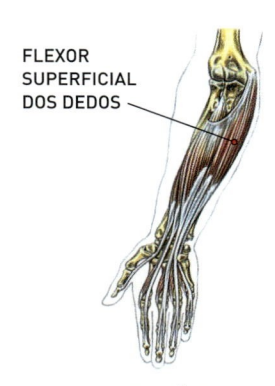

FLEXOR SUPERFICIAL DOS DEDOS

CAMADA MÉDIA

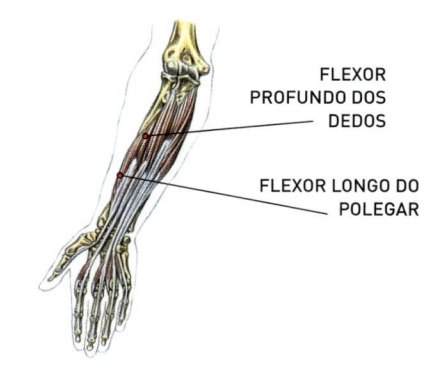

FLEXOR PROFUNDO DOS DEDOS
FLEXOR LONGO DO POLEGAR

CAMADA PROFUNDA

Este exercício de isolamento trabalha a parte interna do antebraço.

OBJETIVO PARA O LUTADOR

★ Fortalecer os punhos para o impacto, reforçando os músculos flexores. Flexores fortes e resistentes também servirão para segurar um adversário com eficácia.

Sentado, segure pelas extremidades uma barra (reta ou w) ou um haltere, mãos em supinação (polegares voltados para fora). Coloque os antebraços sobre as coxas ou sobre o banco e deixe as mãos penduradas ❶. Com a força dos antebraços, levante as mãos o máximo possível ❷. Segure a contração por 1 segundo antes de descer lentamente.

❶

❷

PONTOS A OBSERVAR

Neste exercício, quanto mais seus braços estiverem dobrados, mais exercitados serão os seus músculos.

VARIANTES

❶ As flexões (enrolamento) de punhos podem ser realizadas em pé com a barra atrás do corpo, mãos em pronação (polegares voltados um para o outro). Esta variante é menos perigosa para os punhos e você poderá utilizar cargas muito maiores.

❷ Sempre com a barra na frente ou atrás do corpo, em vez de manter o punho fechado, abra a mão quando as palmas estiverem perpendiculares ao solo. Feche-as antes de realizar as flexões de punho. Esta versão, que reforça a pegada, trabalha ao mesmo tempo as camadas musculares profundas e as camadas superficiais dos flexores.

VANTAGENS

As flexões de punho permitirão que você domine no combate.

INCONVENIENTES

Os flexores são naturalmente mais fortes do que os extensores. As flexões de punho constituem, portanto, um movimento de proteção dos antebraços menos importante do que as extensões de punho.

⚠ PERIGOS

Não abuse da amplitude do movimento na posição de estiramento.

❶   ❷

AGACHAMENTOS PARCIAIS

Este exercício de base trabalha os quadríceps, os glúteos, a parte posterior da coxa, os músculos lombares e as panturrilhas.

OBJETIVOS PARA O LUTADOR

★ Os músculos da coxa têm um papel de ancoragem muito importante para desferir um soco.

★ O agachamento aumentará a potência de seu impulso para um *superman punch* (ou soco voador) ou para um golpe de joelhada em salto.

★ Em um corpo a corpo em pé, o agachamento pesado vai ajudá-lo a empurrar mais forte do que o adversário. Você o fará recuar ao impor a sua força.

★ Por trabalhar os glúteos e os isquiotibiais, o agachamento melhorará seus golpes com os pés virados ou seus chutes-barreira (ou chute com o calcanhar).

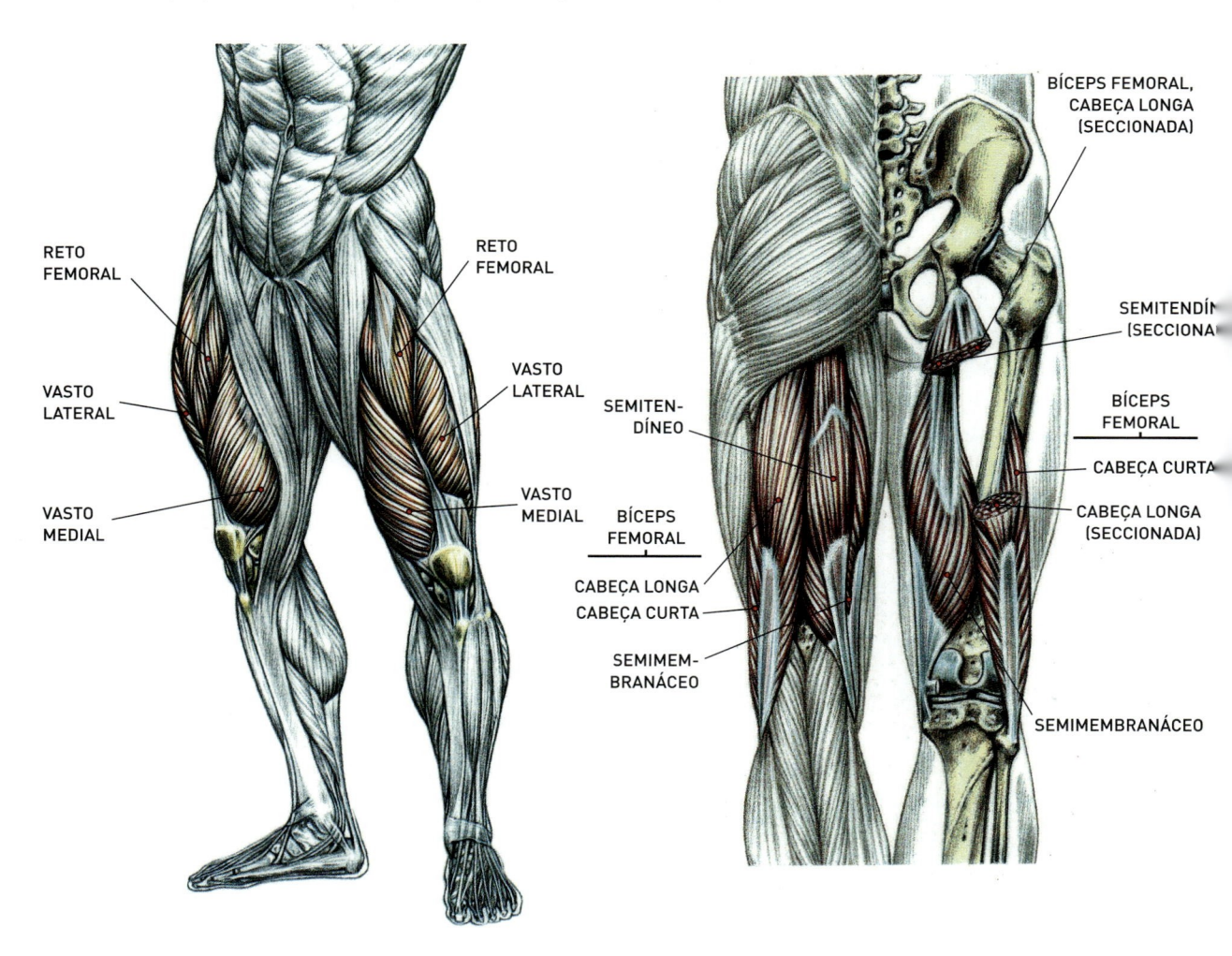

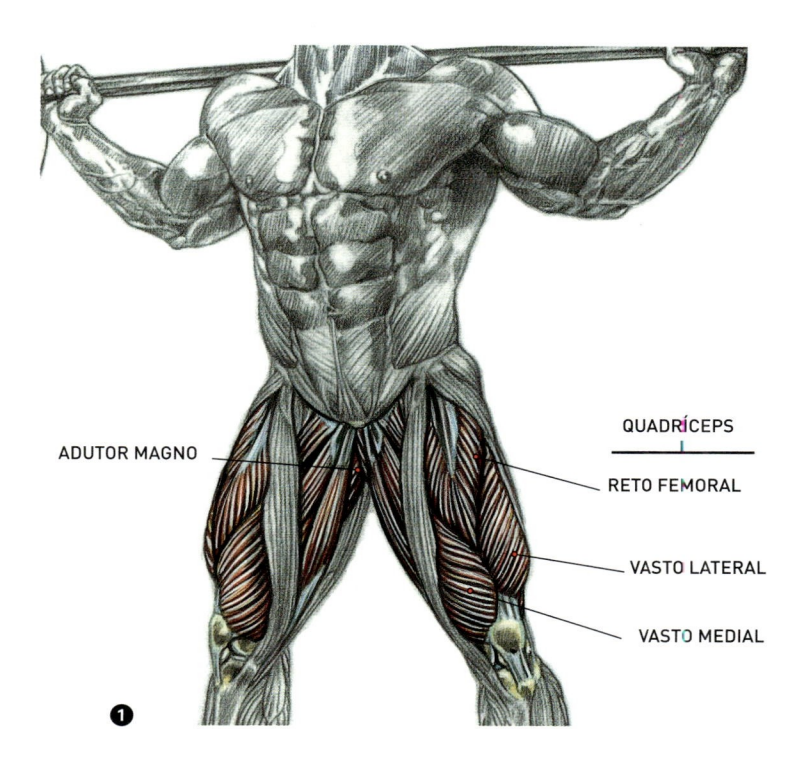

Labels on illustration: ADUTOR MAGNO · QUADRÍCEPS · RETO FEMORAL · VASTO LATERAL · VASTO MEDIAL

❶

Pés afastados a uma distância que corresponda à largura das clavículas, coloque a barra sobre a parte de trás dos ombros (não sobre a nuca). Mantenha as costas retas, levemente inclinadas para trás. Recue um ou dois passos a fim de sair do quadro do aparelho. Mantendo as costas o mais retas possível, dobre as pernas. Desça de 20 a 30 cm, antes de empurrar com as pernas até que elas estejam estendidas ❶.

⚠ ATENÇÃO!

A cabeça deve ficar na seguinte posição: olhe direto para a frente, um pouco para o alto. Ao olhar para baixo, você corre o risco de cair de cabeça, o que é perigoso.

PONTOS A OBSERVAR

É inútil descer demais. O objetivo é colocar o maior peso possível sobre a amplitude de movimento das coxas, o que é mais comumente observado em combate.

VANTAGENS

O agachamento faz trabalhar toda a parte inferior do corpo em um mínimo de tempo.

INCONVENIENTES

Quanto mais longas as pernas, mais perigoso será para as costas descer demais. Uma relação pernas/tronco desfavorável obriga a se inclinar demais para a frente, criando uma posição instável no nível lombar (ver p.27).

⚠ PERIGOS

Além dos joelhos, aqueça bem os abdominais, os oblíquos e os músculos espinais com o objetivo de otimizar o efeito de prancha lombar. Assim como em cada fim de sessão que tenha comprimido as costas, alongue-se por um bom tempo na barra fixa (ver p. 50).

EXTENSÃO DAS PANTURRILHAS

Este exercício de isolamento trabalha toda a panturrilha e os músculos lombares.

OBJETIVOS PARA O LUTADOR

★ É a força das panturrilhas que ancora as pernas ao solo e permite golpear com eficácia. A potência dos golpes desferidos com a coxa e o joelho também depende de uma ancoragem firme da panturrilha ao solo.

★ Ao ganhar força, as panturrilhas aumentam a potência de seu impulso para o *superman punch* (ou soco voador) ou para a joelhada voadora.

★ Durante um *clinch* defensivo, para fazer o adversário recuar, panturrilhas fortes fazem a diferença.

**Selecione a carga e, depois, instale-se no aparelho. Coloque as pontas dos pés para o rebordo criado para isso. Alongue levemente as panturrilhas, antes de empurrar, o mais alto possível, sobre as pontas dos pés ❶.
Mantenha a contração por 1 segundo antes de descer na posição de alongamento.**

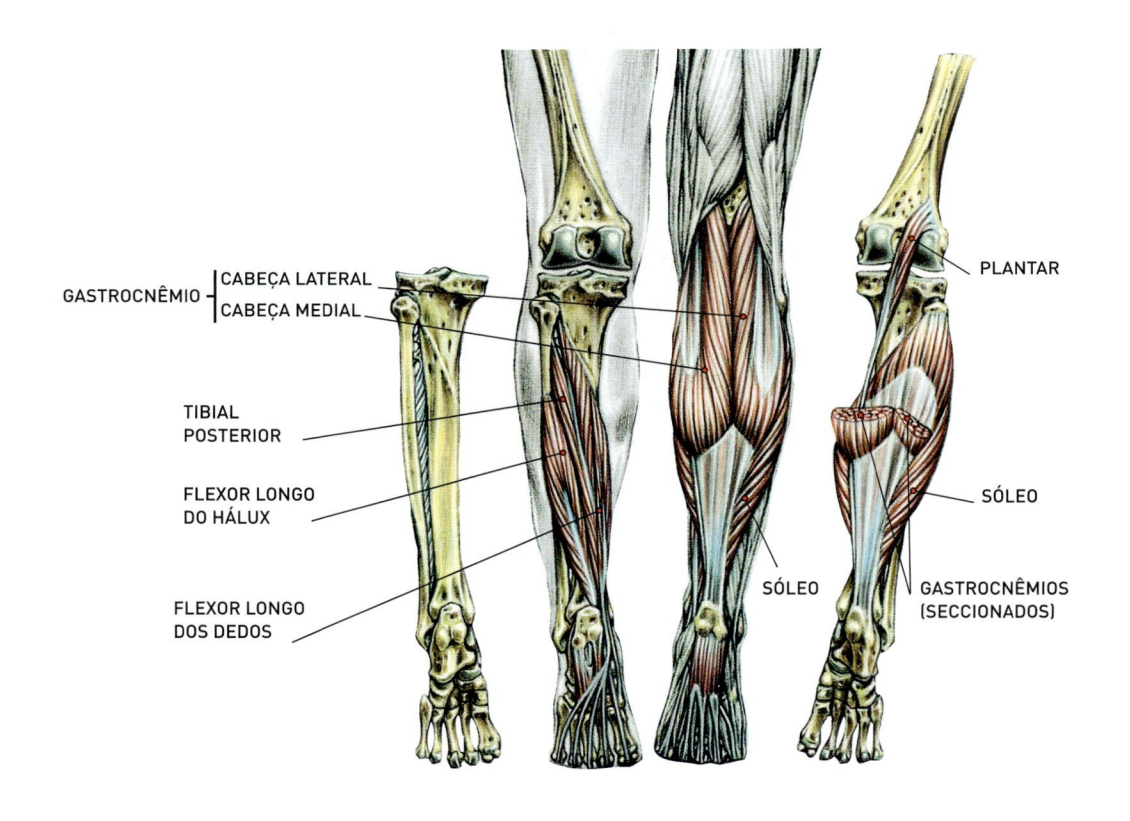

GASTROCNÊMIO — CABEÇA LATERAL / CABEÇA MEDIAL

TIBIAL POSTERIOR

FLEXOR LONGO DO HÁLUX

FLEXOR LONGO DOS DEDOS

PLANTAR

SÓLEO

SÓLEO

GASTROCNÊMIOS (SECCIONADOS)

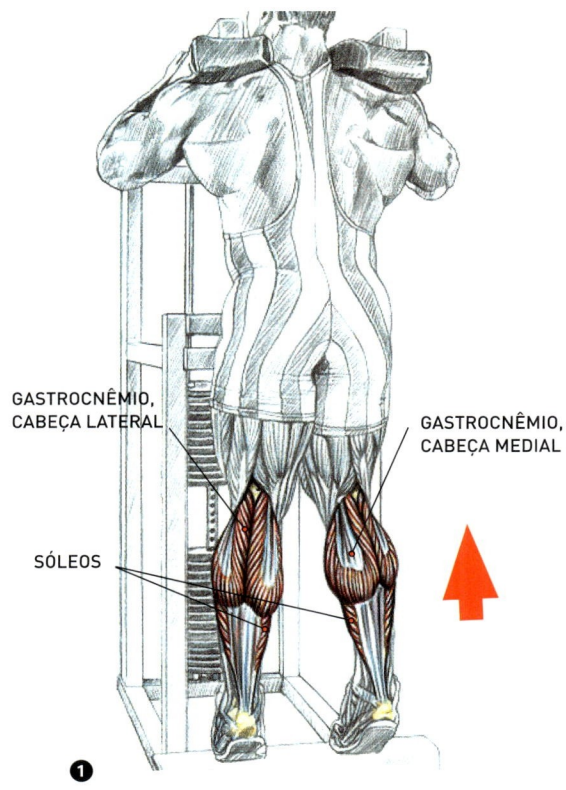

GASTROCNÊMIO, CABEÇA LATERAL

GASTROCNÊMIO, CABEÇA MEDIAL

SÓLEOS

❶

evitar torções desnecessárias no nível do joelho. Dessa forma, as panturrilhas serão mais fortalecidas. Se você deseja realmente uma variante, mude o afastamento dos pés (mais próximos ou mais distantes) ou realize o exercício de modo unilateral.

VANTAGENS

Este exercício busca um trabalho direto sobre toda a panturrilha.

INCONVENIENTES

As panturrilhas raramente trabalham juntas. Você pode treiná-las separadamente, mas isso o fará perder tempo.

⚠ PERIGOS

Quanto maior for a carga, mais você comprimirá a coluna vertebral.

PONTOS A OBSERVAR

É preciso evitar balançar o tronco de frente para trás, dobrando no nível da lombar. Esse perigoso vaivém frequentemente se origina do fato de conservar as pernas estendidas demais, em especial na posição de alongamento.

Mantenha a cabeça reta, olhando levemente para o alto.

VARIANTES

❹ Na falta do aparelho específico, esse exercício pode ser realizado com um quadro com apoios, com a barra apoiada so-

bre os ombros, ou com halteres nas mãos.

❺ É possível orientar os pés para fora ou para dentro, mas é preferível conservá-los no eixo da perna, a fim de

❹ COM UM QUADRO COM SUPORTE

❹ COM HALTERES

GOLPES COM O PÉ E COM O JOELHO

Por mais surpreendente que possa parecer, a potência dos golpes com o pé e com o joelho depende pouco dos músculos das coxas. Estes estão mais envolvidos em frear os golpes. Do mesmo modo, excesso de massa na região das coxas, em razão do peso a ser deslocado, pode deixar o golpe mais lento. A potência dos golpes com o pé e dos golpes com o joelho depende dos músculos psoas e ilíaco. O único músculo das coxas que auxilia esses flexores do quadril é o reto femoral. A força da estabilização, necessária para não cair quando estamos apoiados sobre uma única perna, é fornecida pelo glúteo médio e pelos músculos da panturrilha. São, portanto, esses quatro grupos de músculos que devem ser fortalecidos.

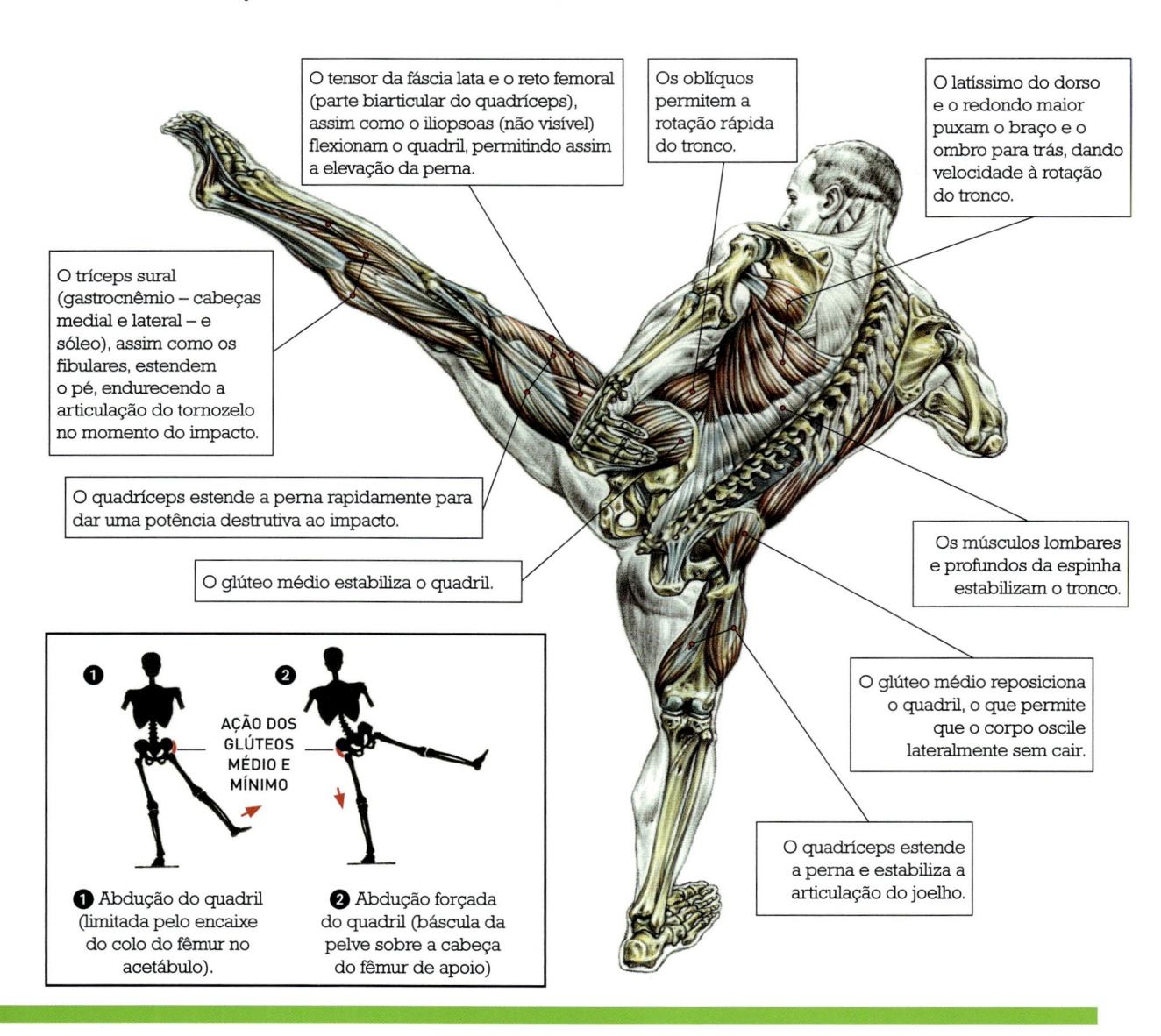

O tensor da fáscia lata e o reto femoral (parte biarticular do quadríceps), assim como o iliopsoas (não visível) flexionam o quadril, permitindo assim a elevação da perna.

Os oblíquos permitem a rotação rápida do tronco.

O latíssimo do dorso e o redondo maior puxam o braço e o ombro para trás, dando velocidade à rotação do tronco.

O tríceps sural (gastrocnêmio – cabeças medial e lateral – e sóleo), assim como os fibulares, estendem o pé, endurecendo a articulação do tornozelo no momento do impacto.

O quadríceps estende a perna rapidamente para dar uma potência destrutiva ao impacto.

O glúteo médio estabiliza o quadril.

Os músculos lombares e profundos da espinha estabilizam o tronco.

O glúteo médio reposiciona o quadril, o que permite que o corpo oscile lateralmente sem cair.

O quadríceps estende a perna e estabiliza a articulação do joelho.

AÇÃO DOS GLÚTEOS MÉDIO E MÍNIMO

❶ Abdução do quadril (limitada pelo encaixe do colo do fêmur no acetábulo).

❷ Abdução forçada do quadril (báscula da pelve sobre a cabeça do fêmur de apoio)

O PARADOXO DO MÚSCULO PSOAS

As pesquisas científicas mostram que o psoas maior é composto por cerca de 60% de fibras rápidas (fibras 2) (Starcevic, 2010). E, no entanto, são as fibras de tipo 1 que são as mais volumosas nessa parte do corpo masculino. Esse paradoxo demonstra que trabalhamos esse músculo contra o senso comum, pois, normalmente, as fibras 2 são sempre mais espessas do que as fibras 1. Se as fibras lentas do psoas estiverem hipertrofiadas, apenas a função postural desse músculo será exercida. Existe, portanto, uma falta de estímulo para um trabalho pesado e explosivo. O lutador que ataca com as pernas deve, obrigatoriamente, corrigir essa carência.

Para desferir os golpes de perna o mais vigorasamente possível, é preciso trabalhar os flexores do quadril com pesos muito intensos, pois é isso que sua função fisiológica exige, por conta de sua natureza rica em fibras rápidas.

⚠ ATENÇÃO!

O trabalho intensivo do psoas e do ilíaco é primordial para o lutador, mas não ocorre sem que haja problemas. Esse é o segundo paradoxo dos flexores do quadril. Seu treinamento pode ter uma dupla consequência negativa:

1. Em curto prazo, os exercícios específicos podem prejudicar os discos intervertebrais.

2. Em longo prazo, os flexores hipertônicos vão curvar a parte inferior da coluna vertebral. Esse mau posicionamento das costas, associado às pressões intensas sobre as vértebras causadas pelo treinamento, faz aumentar muito os riscos de lesões lombares.

Para evitar esses problemas, é preciso:
→ alongar o psoas e o ilíaco, fazendo intervalos depois de trabalhá-los ❶
→ suspender-se na barra fixa a fim de descomprimir a região lombar (ver p. 50).

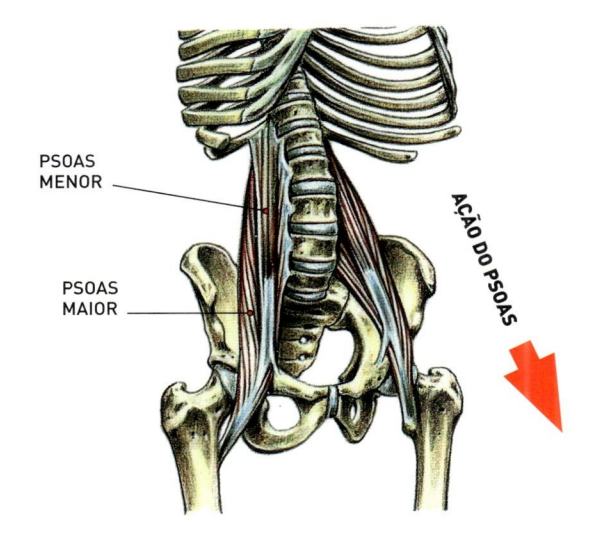

PSOAS MENOR

PSOAS MAIOR

AÇÃO DO PSOAS

❶ ALONGAMENTO DO PSOAS E DO ILÍACO

ELEVAÇÃO DE PERNA, EM PÉ

Este exercício de isolamento trabalha o reto femoral, o psoas, o ilíaco, os abdominais, além do glúteo médio e das panturrilhas.

OBJETIVO PARA O LUTADOR

★ Trabalhar especificamente os músculos que dão potência para os golpes com a perna ou com o joelho. A estabilidade, sempre desafiadora sobre apenas uma perna, também é exercitada.

Em pé, coloque uma anilha ou um haltere sobre a coxa esquerda, um pouco acima do joelho ❶. Estabilize essa carga com a mão esquerda enquanto a mão direita se apoia em um aparelho ou na parede para garantir a estabilidade. Eleve a perna o mais alto possível, dobrando o joelho ❷. Depois, desça a coxa até ficar perpendicular em relação ao solo. Quando terminar a série com a perna esquerda, repita com a perna direita.

PONTOS A OBSERVAR

Você pode apoiar o pé no solo entre cada repetição. Esse repouso entre as séries permite que o treinamento seja feito com um peso mais significativo.

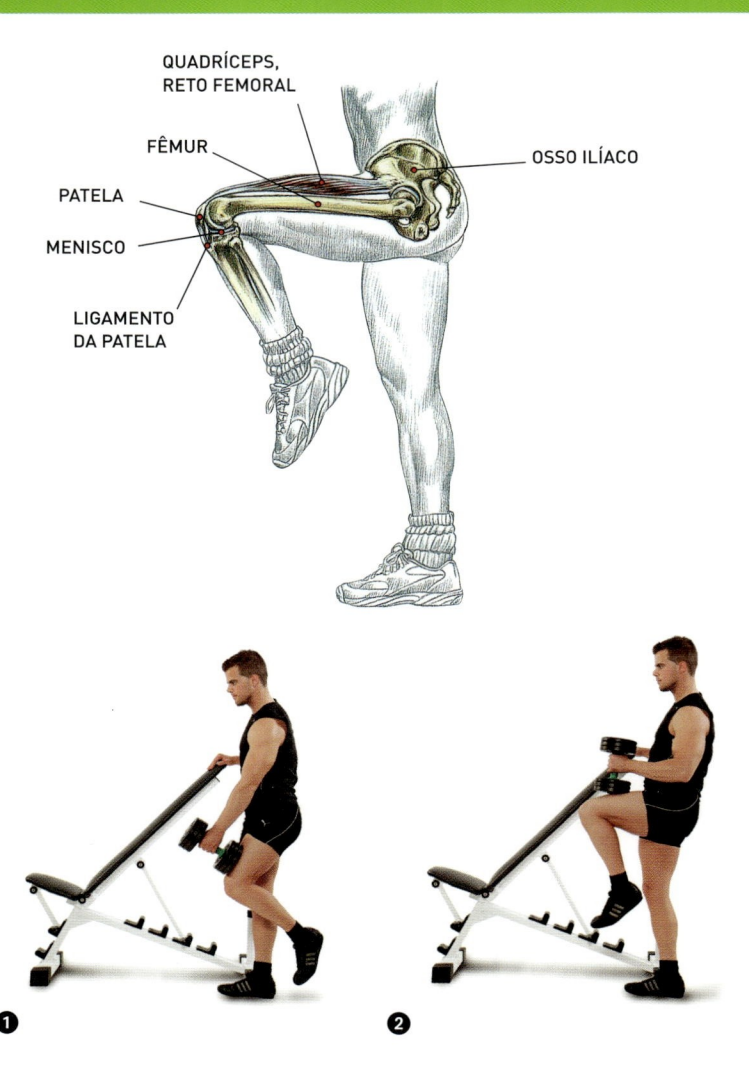

QUADRÍCEPS, RETO FEMORAL

FÊMUR

PATELA

MENISCO

LIGAMENTO DA PATELA

OSSO ILÍACO

❶

❷

VARIANTES

Ⓐ Em vez de utilizar um haltere, você pode prender um elástico acima do joelho, prendendo a outra extremidade com o pé que permanece no solo.

Ⓑ Você também pode utilizar um elástico junto com um peso para se beneficiar da sinergia fornecida por esses dois tipos de resistência.

Ⓒ A fim de trabalhar os músculos estabilizadores (glúteo médio e panturrilha), apoie-se cada vez menos (ou até nem se apoie) com a mão livre.

B

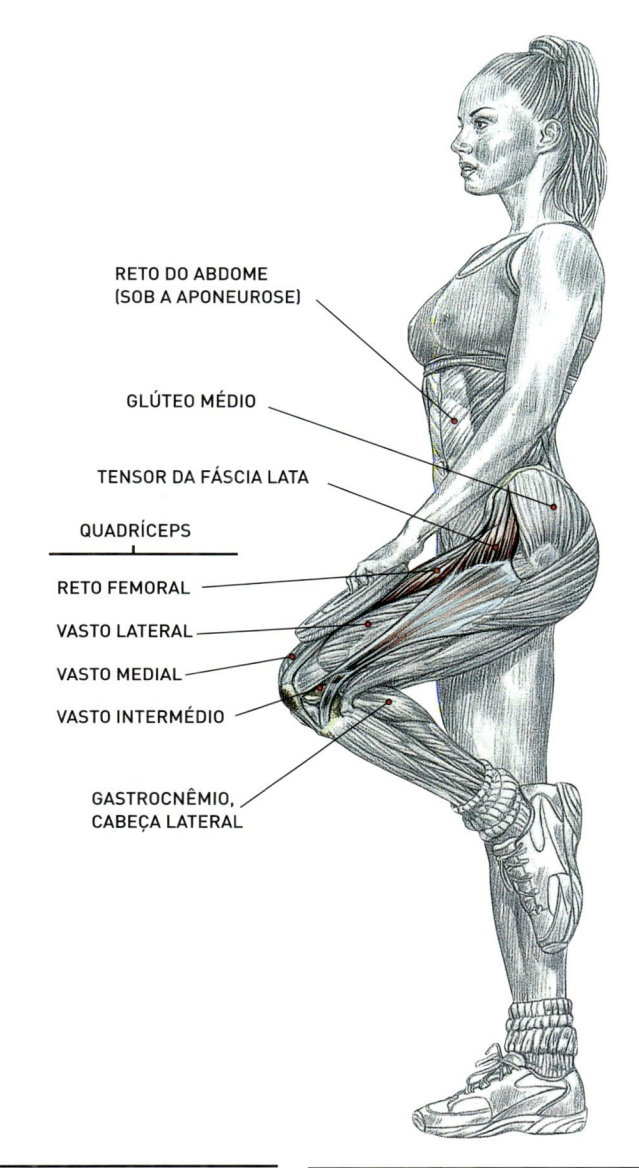

RETO DO ABDOME
(SOB A APONEUROSE)

GLÚTEO MÉDIO

TENSOR DA FÁSCIA LATA

QUADRÍCEPS

RETO FEMORAL

VASTO LATERAL

VASTO MEDIAL

VASTO INTERMÉDIO

GASTROCNÊMIO,
CABEÇA LATERAL

D Em vez de dobrar a perna no final da subida, conserve--a estendida durante todo o movimento.

E Existem aparelhos específicos para os exercícios de elevação das pernas. Eles são mais fáceis de utilizar do que um haltere, pois o indivíduo fica perfeitamente estabilizado, o que é menos interessante para o lutador.

E

VANTAGENS

Os exercícios de elevação de pernas trabalham músculos muito negligenciados, embora sejam primordiais em combate.

INCONVENIENTES

O caráter unilateral desse exercício implica perda de tempo.

⚠ PERIGOS

O trabalho do psoas puxa a coluna vertebral. Mantenha as costas bem eretas, evitando qualquer curva na região lombar. Se sentir estalos nas costas, eleve um pouco menos a coxa.

Este exercício de isolamento trabalha o reto femoral, o psoas, o ilíaco, os abdominais e os braços.

OBJETIVO PARA O LUTADOR

★ Treinar para desferir golpes de joelho ou de pé com os braços contraídos, como acontece quando seguramos a nuca de um adversário com as mãos para golpeá-lo melhor.

Segurando uma barra fixa, mãos em supinação (dedos mínimos voltados um para o outro), com um afastamento que corresponda à largura dos ombros, puxe os bíceps a fim de flexionar os braços ❶ e dobre a perna direita para levar o joelho até o queixo ❷. Eleve a perna o mais alto possível, comprimindo o quadril ao máximo e, depois, desça a perna.

Depois de terminar a repetição com a perna direita, passe para a esquerda.

Se os braços se cansarem antes das pernas, apoie os pés no solo e termine a série com as mãos em pronação (polegares voltados um para o outro).

PONTOS A OBSERVAR

O mais difícil nesse exercício, quando feito pela primeira vez, é não se balançar demais, pois é apenas a força dos braços que proporciona estabilização. Com o treinamento, o indivíduo aprende a se imobilizar.

VARIANTES

Ⓐ Você pode:
→ conservar as pernas estendidas (o exercício será claramente mais difícil);
→ deixar as panturrilhas embaixo das coxas (o exercício será mais fácil).
Um bom encadeamento consiste em iniciar o movimento com a perna estendida. Quando se cansar, dobre-a a fim de aproveitar as repetições.
Ⓑ Quando o exercício ficar fácil demais, é possível incluir uma carga com uma tornozeleira com peso ou com uma faixa elástica fixada no solo passando por cima do joelho. Mas, com a faixa, não será mais possível alternar as repetições entre a perna direita e a esquerda.

VANTAGENS

A resistência colocada sobre todos os músculos é máxima, o que proporciona um progresso rápido.

INCONVENIENTES

Uma sensação de fisgada ou dor aguda na região lombar denuncia uma execução errada do movimento. Provavelmente, será necessário um tempo de aprendizagem.

⚠ PERIGOS

Não curve a parte inferior das costas.

GOLPE DE JOELHO COM QUATRO APOIOS

Este exercício de isolamento trabalha o reto femoral, o psoas, o ilíaco e os abdominais.

OBJETIVO PARA
O LUTADOR

★ Aumentar a potência de sua joelhada no solo, durante um controle lateral.

Prenda uma faixa elástica ou o cabo de uma polia baixa a um dos tornozelos. Incline-se para a frente, em quatro apoios ❶. Puxe para a frente o joelho da perna presa, como se fosse dar joelhadas em um adversário que se encontra deitado no solo ❷.

PONTOS A OBSERVAR

O ideal é golpear uma meia--bola, que você segura com as mãos, a fim de treinar o músculo a aumentar a contração no momento do impacto.

VARIANTE

Quando são desferidas joelhadas no solo, é frequente utilizar os braços para bloquear o adversário. A fim de reproduzir melhor essa posição de combate, segure o mais forte possível um aparelho ou a bola com as mãos.

VANTAGENS

O movimento reproduz muito fielmente a posição encontrada em combate.

INCONVENIENTES

Ao terminar as repetições com uma perna, é preciso se soltar para prender a outra perna, o que pode ser tedioso.

⚠ PERIGOS

Não dobre as costas para trás. Ao contrário, elas devem estar arredondadas a fim de evitar os problemas de discos intervertebrais.

SEGURAR, PUXAR E ESTRANGULAR UM ADVERSÁRIO

Quando se trata de puxar, desestabilizar ou estrangular um adversário, os braços entram em ação. Eles são auxiliados pelos músculos dorsais. Para segurar bem seu oponente, evidentemente, os antebraços e as mãos é que devem ser fortalecidos.

TRAÇÕES NA BARRA FIXA

Este exercício de base trabalha os flexores dos antebraços e os músculos dorsais. A ênfase será colocada tanto na contração quanto na fase estática.

OBJETIVOS PARA O LUTADOR

★ As trações fortalecem os músculos dos braços e os dorsais, que são indispensáveis quando o indivíduo prende um adversário perto de si para desequilibrá-lo.

★ As trações também aumentarão a potência de sua guilhotina.

Segure a barra fixa, mãos em supinação (dedos mínimos voltados um para o outro) ❶. O afastamento das mãos deve corresponder aproximadamente à largura de suas clavículas. Suba com a força das costas e dos braços ❷. O ponto mais alto do movimento é atingido quando a testa chega ao nível da barra. Mantenha a posição por 5 segundos antes de descer.

VARIANTES

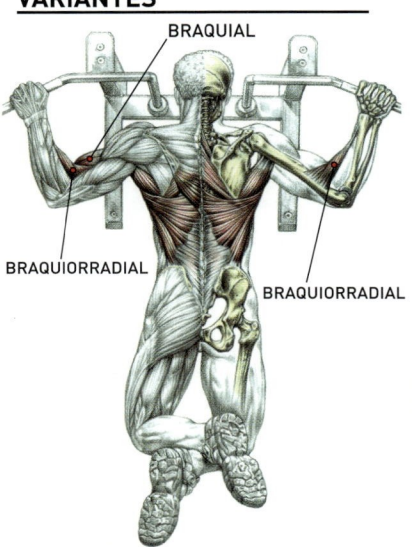

Ⓐ MÃOS EM PRONAÇÃO

Ⓐ Para alternar o trabalho muscular dos braços, adote uma pegada em pronação (polegares voltados um para o outro), o que estimula o braquiorradial, ou uma pegada neutra (polegares voltados para o tronco), o que estimula o braquial.

Ⓑ Quando as trações se tornarem fáceis demais, aumente a carga com um peso.

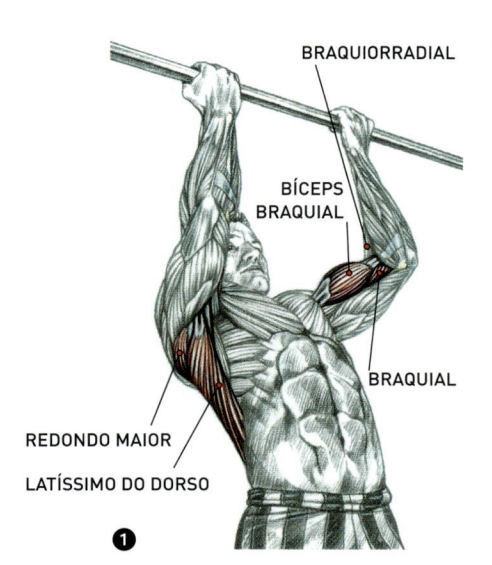

❶

❷

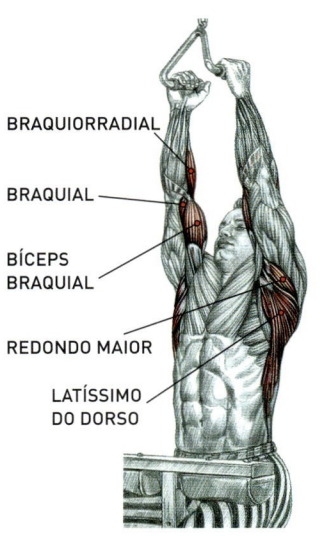

BRAQUIORRADIAL

BRAQUIAL

BÍCEPS BRAQUIAL

REDONDO MAIOR

LATÍSSIMO DO DORSO

Ⓐ PEGADA NEUTRA (POLIA ALTA COM PUNHOS EM PEGADA PRÓXIMA)

Ⓒ

VANTAGENS

As puxadas solicitam numerosos músculos do tronco em um mínimo de tempo e com muito pouco material.

INCONVENIENTES

Infelizmente, nem todas as pessoas são capazes de se tracionar. A fim de compensar essa falta de força, deixe os pés apoiados no solo ou em uma cadeira para reduzir seu peso.

⚠ PERIGOS

Nunca estenda completamente os braços com as mãos em supinação (dedos mínimos voltados um para o outro), a fim de evitar lesões no bíceps.

Ⓒ Quando o indivíduo segura um adversário perto de seu corpo, é comum que se aproveite da posição para desferir joelhadas. Em vez de conservar as pernas imóveis durante o movimento, aproveite para treinar golpes com os joelhos enquanto os braços trabalham.

EXTENSÕES *POWER* DO TRÍCEPS

Este exercício de base trabalha o conjunto tríceps-dorsais.

OBJETIVO PARA O LUTADOR

★ Aumentar a potência ao desestabilizar um adversário, puxando para si, para fazê-lo cair para a frente ou para bloqueá-lo contra seu tronco.

Prenda uma barra para tríceps ou uma corda em uma polia alta. Olhando para o aparelho, puxe essa barra com a força dos tríceps.

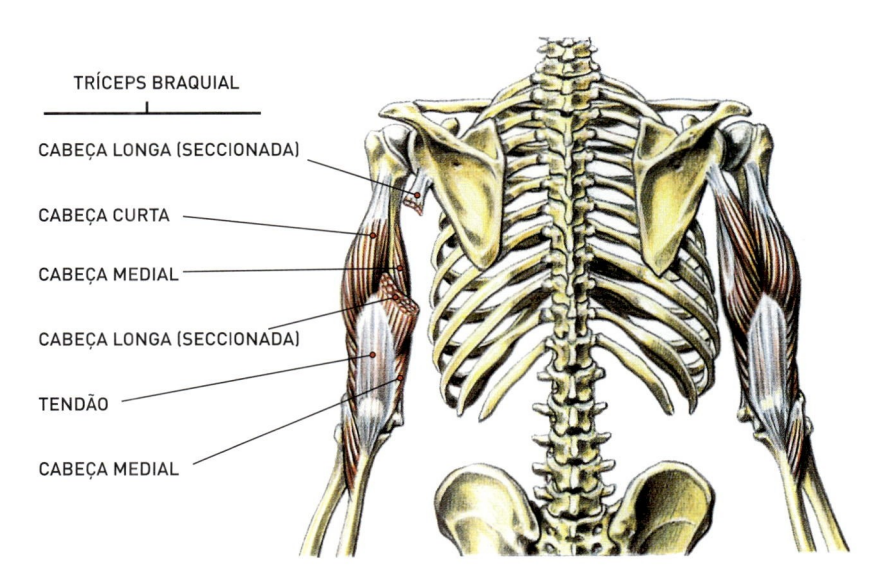

TRÍCEPS BRAQUIAL

CABEÇA LONGA (SECCIONADA)

CABEÇA CURTA

CABEÇA MEDIAL

CABEÇA LONGA (SECCIONADA)

TENDÃO

CABEÇA MEDIAL

Em vez de manter os braços ao longo do corpo como na versão clássica, levante-os em paralelo com as mãos. Em vez de parar na altura dos peitorais, a barra sobe até o nível do pescoço ❶. Os braços ficam quase paralelos ao solo no fim da fase de alongamento. Em um movimento explosivo, levar a barra para o nível da cintura, utilizando em conjunto os músculos dorsais e os tríceps ❷.

❶

★ **Dica:** além dos músculos, você deve usar também o peso do corpo, como se quisesse afundar o adversário na terra.

PONTOS A OBSERVAR

Por conta do aspecto explosivo do exercício, prefira uma polia alta, pois a carga de um aparelho para tríceps pode ser muito fraca.

VARIANTE

O exercício pode ser realizado de joelhos para treinar a luta no solo.

COMENTÁRIOS

Quanto mais volumosa for a barra ou a corda, mais força você terá e menos o exercício forçará os cotovelos.

As barras de 2,5 cm de diâmetro, que normalmente encontramos, são finas demais para treinar o ato de agarrar o braço do adversário. Para aumentar o diâmetro das barras, utilize esponjas colocadas entre a barra e as mãos.

VANTAGENS

O trabalho com polia é menos traumatizante para os cotovelos do que os exercícios com halteres, barra ou aparelhos.

INCONVENIENTES

Com cargas pesadas, é difícil conservar os pés no solo. Nesse caso, coloque os pés sob um haltere grande.

⚠ PERIGOS

Tome cuidado para não dobrar as costas. Atenção para não arranhar o rosto, pois o cabo de aço costuma passar perto da cabeça.

TRAÇÃO NA BARRA FIXA

Este exercício de isolamento trabalha os flexores do punho e, principalmente, as camadas musculares profundas.

OBJETIVO PARA O LUTADOR

★ Obter uma poderosa força de pegada. No MMA, o trabalho dos antebraços é ain-

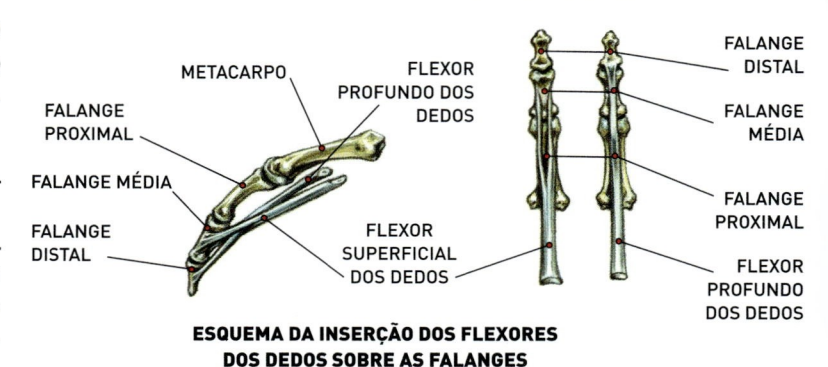

ESQUEMA DA INSERÇÃO DOS FLEXORES DOS DEDOS SOBRE AS FALANGES

da mais importante do que no judô, pois, na ausência do quimono, é preciso agarrar os braços do adversário. Em razão do tamanho, da forma arredondada e da transpiração, não é fácil manter uma boa pegada.

Suspenso em uma barra fixa, com os braços estendidos, mãos em pronação (polegares voltados um para o outro) ❶, escolha a distância de afastamento dos braços na barra que seja mais confortável para você. Abra lentamente as mãos sem soltar a barra ❷. Depois de descer uns 5 cm, use a força dos dedos para fechar as mãos. Mantenha a contração por 5 a 10 segundos antes de reabrir as mãos lentamente.

PONTOS A OBSERVAR

Quando não tiver mais força para abrir as mãos, você certamente ainda terá força suficiente para se manter algum tempo suspenso na barra com os punhos fechados.

COMENTÁRIOS

Em comparação aos praticantes de musculação que não trabalham especificamente os punhos, os lutadores de alto nível têm uma força nas mãos cerca de 8% superior (Keating, 2011). Eles estão muito atrás dos jogadores de beisebol que têm, em média, uma força nas mãos 20% superior à dos campeões de MMA (Gochioco, 2011). Os lutadores possuem, portanto, no nível dos antebraços, uma grande margem para progredir. Esse exercício na barra fixa constitui um bom meio de remediar esse déficit de força.

VARIANTES

❹ Em caso de dificuldade para abrir as mãos, alivie o peso do corpo colocando um ou mesmo os dois pés no solo ou sobre uma cadeira. ❺ Quando o exercício se tornar fácil demais, realize o movimento unilateral, isto é, suspendendo-se apenas com uma das mãos. O outro braço servirá apenas para estabilizá-lo lateralmente.

VANTAGENS

Trata-se de um movimento simples que trabalha o punho de modo eficaz.

INCONVENIENTES

Atenção para não desenvolver patologias nas mãos ao alongar demais ou com muita força os dedos.

⚠ PERIGOS

Quando se sentir cansado, mantenha os pés perto do solo para evitar uma queda muito forte, caso você solte involuntariamente a barra.

FLEXÃO DOS ANTEBRAÇOS COM HALTERES EM "PEGADA DE MARTELO"

Este exercício de isolamento trabalha todos os flexores do antebraço: o bíceps, o braquial e o braquiorradial. O movimento deverá enfatizar tanto a contração quanto a fase estática.

OBJETIVO PARA O LUTADOR

★ Obter força de resistência isométrica no nível dos flexores dos antebraços, a fim de melhorar sua eficácia nos estrangulamentos ou nas chaves de braço.

Segure o haltere com uma mão, mantendo-a em posição neutra (polegar voltado para cima).

Dobre o braço, mantendo sempre o polegar voltado para cima ❶. Levante o haltere o mais alto possível. Para isso, você pode recuar um pouco o cotovelo, mas sem exagerar esse deslocamento. Mantenha a contração por 5 segundos. Desça lentamente até a posição inicial.

VARIANTES

Ⓐ Esse exercício pode ser realizado em pé ou de joelhos (para simular o combate no solo).

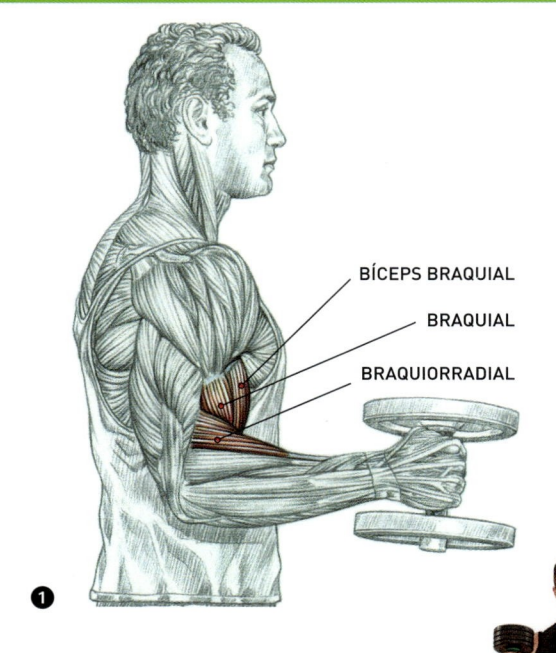

BÍCEPS BRAQUIAL

BRAQUIAL

BRAQUIORRADIAL

❶

Ⓑ Você pode escolher trabalhar:
→ os dois braços juntos;
→ levantando um braço depois do outro, alternando-os durante as repetições;
→ um único braço por vez, durante toda a série.

Ⓒ De uma série para a outra, modifique a orientação do polegar a fim de trabalhar os flexores sob os diferentes ângulos: com os polegares para dentro, o braquiorradial será mais solicitado, em detrimento do bíceps.

Ⓑ **DOIS BRAÇOS JUNTOS**

Ⓑ **BRAÇOS EM ALTERNÂNCIA**

BLOQUEAR OU ENFRENTAR UM BLOQUEIO

Quando se trata de bloquear um adversário, todos os músculos são solicitados. No entanto, os músculos que têm um papel crucial nessa ação são os músculos dos braços, os adutores da coxa e os músculos da região anterior da perna (abaixo dos joelhos).
Os bloqueios ou enfrentamentos se distinguem dos outros movimentos, pois, embora a contração seja intensa, o movimento é lento ou até mesmo estático. O treinamento isométrico encontrará aqui toda a sua importância.

EXERCÍCIOS PARA AUMENTAR A RESISTÊNCIA

SUSPENSÃO EM FAIXAS

Este exercício de isolamento trabalha os bíceps, os antebraços, os dorsais e os peitorais de modo isométrico.

OBJETIVO PARA O LUTADOR

★ Obter maior força de resistência estática nos braços, com o objetivo de esmagar o adversário durante um bloqueio.

Em pé, coloque os antebraços nas faixas para abdominais ❶. Depois de acomodado, dobre as pernas para ficar suspenso no ar ❷. Comece sem segurar os antebraços com as mãos. Quando sentir fadiga, ajude com as mãos a fim de prolongar o esforço. Segure por pelo menos 30 segundos. Descanse 10 a 15 segundos antes de fazer uma nova repetição.

❶

❷

★ **Dica:** quando você ultrapassar facilmente os 30 segundos, não hesite em colocar carga ou pedir a um parceiro que puxe suas pernas a fim de aumentar a dificuldade do exercício.

PONTOS A OBSERVAR
Se você não tiver faixas para abdominais, faça uma alça com um cinto de judô. Use dois de cada lado, pois um só ficaria fino demais e machucaria os braços.

VARIANTES
❹ Durante um bloqueio com os braços, é frequente que se dê joelhadas no adversário. Em vez de manter as

❹

pernas dobradas, treine golpes de joelho durante a suspensão.

B Em vez de se suspender com os antebraços, suspenda-se no nível dos braços a fim de solicitar mais os músculos dorsais.

C Segurando uma grande *medicine ball* entre as pernas, acima dos joelhos, você se prepara para bloquear de modo simultâneo com os braços e as coxas.

B

VANTAGENS
Trata-se de um trabalho estático que reproduz de

modo bastante fiel a contração necessária a um bloqueio com os braços.

INCONVENIENTES
A orientação das forças não é estritamente a mesma que se realiza durante um combate real, mas mesmo assim este exercício proporcionará uma força de preensão que lhe permitirá o domínio durante um bloqueio.

ADUÇÕES ISOMÉTRICAS

Este exercício de isolamento trabalha os adutores de modo isométrico, exatamente como no combate.

OBJETIVO PARA O LUTADOR
★ Obter força de resistência estática nos adutores, a fim de poder esmagar o adversário com as coxas durante um bloqueio no solo. Os adutores intervêm igualmente durante os chutes laterais para dobrar a perna na direção do adversário.

Deitado de costas, segure uma *medicine ball*, do maior tamanho possível, entre as pernas ❶. Coloque-a um pouco acima dos joelhos, entre as coxas.

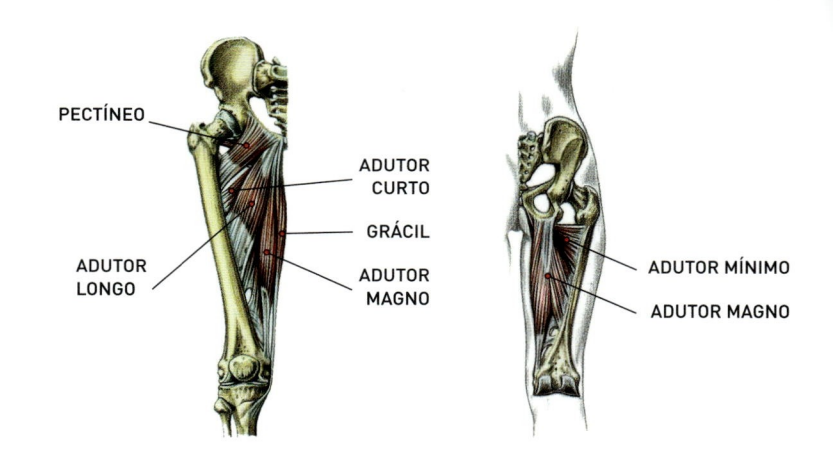

PECTÍNEO
ADUTOR CURTO
GRÁCIL
ADUTOR LONGO
ADUTOR MAGNO
ADUTOR MÍNIMO
ADUTOR MAGNO

❶

Feche as coxas o mais forte que puder, como se quisesse estourar uma bola de gás. Segure por pelo menos 30 segundos. Descanse 10 a 15 segundos entre as repetições.

★ **Dica:** se você não tiver uma *medicine ball*, use uma bola de basquete.

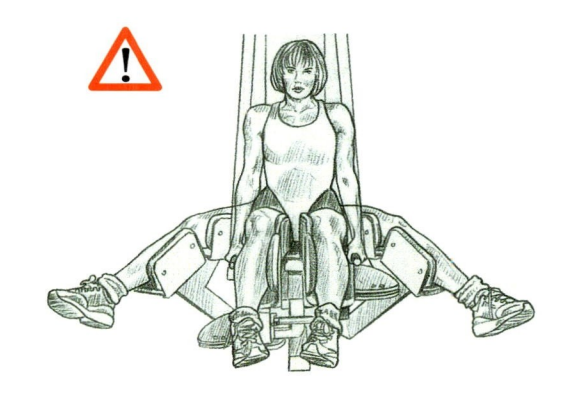

Cuidado com os aparelhos para os adutores. Alguns deles podem aumentar os riscos de lesão nos joelhos.

PONTOS A OBSERVAR

Os ângulos do trabalho isométrico devem ser os mais próximos possíveis aos utilizados quando você aperta um adversário em um combate.

COMENTÁRIOS

Comparando-se com os praticantes de musculação, os lutadores de alto nível têm uma força dos adutores 44% superior (Keating, 2011). Essa força não ocorre por si só; é necessário desenvolvê-la;

VARIANTES

A Quando você ultrapassar facilmente os 30 segundos, um parceiro deverá empurrar a *medicine ball* na direção do solo, a fim de obrigá-lo a fechar as pernas com mais força ainda.

B Durante um bloqueio, o nível de flexão da coxa é muito variável. É preciso re-produzir essa amplitude, dobrando-se levemente a perna. Desse modo, o exercício pode ser praticado com as pernas quase estendidas, dobradas a 45 graus ou a 90 graus.

C Em vez de deitar de costas, o exercício pode ser praticado em quatro apoios.

VANTAGENS

Trata-se de um trabalho estático que reproduz bem a orientação das forças de um bloqueio no solo.

INCONVENIENTES

A *medicine ball* não vai se debater como fará um adversário. Mas se você aplicar força suficiente com os adutores, seu adversário ficará tão comprimido pelos seus músculos que ficará paralisado.

⚠ PERIGOS

Existem exercícios e aparelhos para os adutores que colocam a resistência no nível da panturrilha ou do pé. Esse é geralmente o caso dos exercícios que são realizados com as pernas estendidas. Desse modo, eles trabalham os adutores magnos e o grácil em um bom eixo biomecânico, o que reproduz a contração muscular encontrada durante um chute alto. Mas, ao fazer isso, eles podem relaxar os ligamentos internos do joelho, o que facilita os deslocamentos do menisco para dentro.

Esse posicionamento baixo da resistência aumenta os riscos de prender o menisco entre os dois côndilos, o que é doloroso e muito incapacitante.

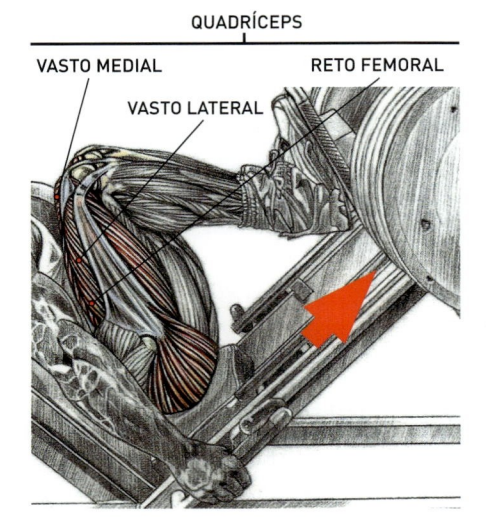

QUADRÍCEPS

VASTO MEDIAL

RETO FEMORAL

VASTO LATERAL

Este exercício de base trabalha os quadríceps, os glúteos, a parte posterior da coxa e a panturrilha.

OBJETIVOS PARA O LUTADOR

★ Quando você está com as costas no solo, e um adversário em pé junto a seus pés tenta cair sobre seu corpo para esmagá-lo, você utiliza as pernas para golpeá-lo e afastá-lo. A prensa com as coxas em toda a amplitude lhe dará a força necessária para fazer isso de modo eficaz.

★ Ao contrário dos movimentos lentos dos outros exercícios deste capítulo, este deve ser trabalhado de modo explosivo. A prensa também dará potência a seus chutes-barreira.

Coloque a carga e se instale no aparelho. Posicione os pés na plataforma de apoio. O afastamento dos pés deve corresponder aproximadamente à largura dos ombros ❶. Empurre com as coxas e solte as travas. Mantenha as costas retas, coladas ao encosto, e deixe que a plataforma corra para baixo, freando com as coxas ❷. Deixe que ela desça até sentir que a região lombar começa a se afastar do encosto.
Em seguida, empurre com as pernas até que elas fiquem quase estendidas.
Repita o movimento até haver fadiga.

PONTOS A OBSERVAR

Na prensa, quanto mais se desce, mas se tende a descolar as costas do encosto. Com as costas descoladas do apoio, a força e a amplitude do movimento melhoram, mas isso ocorre com o aumento dos riscos de lesões na lombar. Desse modo, não se recomenda o encurvamento das costas.

VANTAGENS

A prensa solicita toda a parte inferior do corpo rapidamente, em uma posição muito similar à encontrada em um combate. Em comparação aos agachamentos, as costas estão mais bem protegidas e a estabilidade pro-

porcionada pelo aparelho representa uma garantia de segurança.

INCONVENIENTES

Trata-se de um exercício arriscado para as costas, o quadril e os joelhos.

⚠ PERIGOS

Mesmo que a coluna vertebral pareça apoiada pelo encosto do aparelho, ainda assim ela sofre uma pressão significativa.

Este exercício de base trabalha toda a coxa.

OBJETIVO PARA O LUTADOR

★ Poder se levantar quando um adversário tenta bloqueá-lo enquanto está sentado e com as costas no ringue.

Sentado, costas apoiadas na parede, com um haltere nas mãos entre as coxas, fique de pé o mais depressa possível.

PONTOS A OBSERVAR

Habitue-se ao exercício sem carga. Em seguida, será preciso usar carga para obter força suficiente de modo a poder subir e colocar-se em pé durante o combate, caso isso aconteça.

VARIANTE

Sem carga, em vez de subir usando as duas pernas, usar apenas uma; a outra servirá para estabilizá-lo. Realize uma repetição sobre uma das pernas antes de passar para a outra.

VANTAGENS

O exercício é excelente, mas apenas para os lutadores que combatem em um octógono.

INCONVENIENTES

Ao contrário de um haltere, um adversário vai reagir e tentar impedi-lo de subir. Mas se você tiver desenvolvido força suficiente com este exercício, o adversário poderá apenas deixá-lo mais lento em vez de pará-lo.

⚠ PERIGOS

Cuidado com os joelhos, que são muito solicitados, pois você parte de uma altura muito baixa.

LEG CURLS OU FLEXÃO DOS JOELHOS, DEITADO

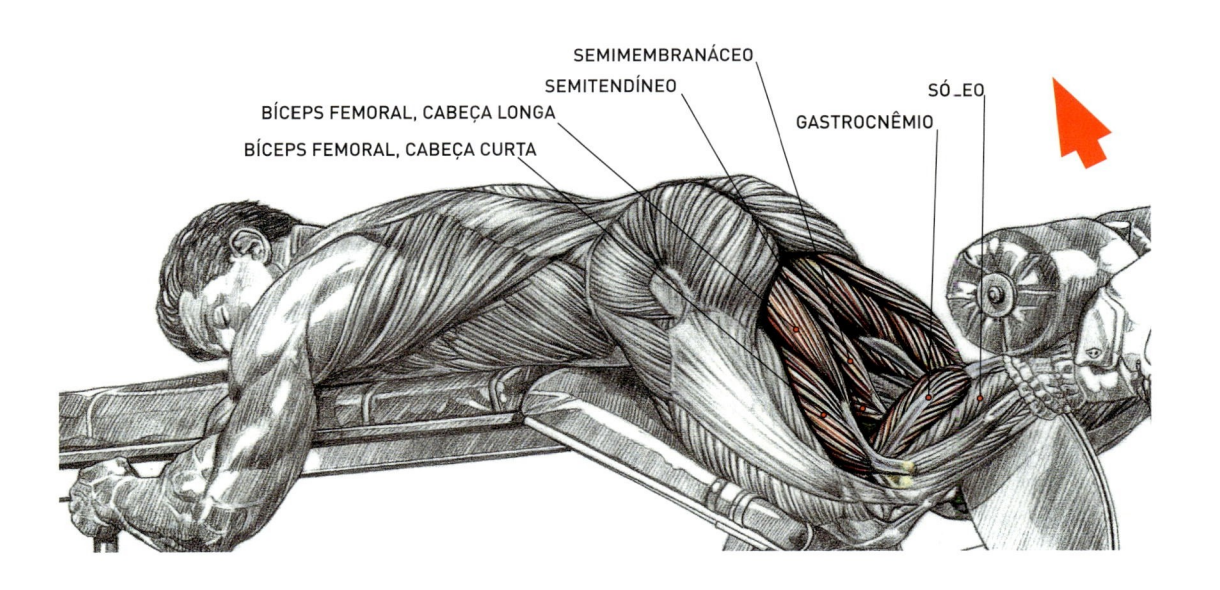

SEMIMEMBRANÁCEO

SEMITENDÍNEO

SÓLEO

GASTROCNÊMIO

BÍCEPS FEMORAL, CABEÇA LONGA

BÍCEPS FEMORAL, CABEÇA CURTA

Este exercício de isolamento solicita os isquiotibiais. É preferível trabalhar de modo unilateral, pois nas posições que descrevemos, apenas um isquiotibial é solicitado por vez.

OBJETIVOS PARA O LUTADOR

★ A fim de bloquear a cabeça do adversário entre a panturrilha e a parte posterior da coxa, é preciso ter um isquiotibial com muita força de resistência estática.
★ Em pé, você dá uma rasteira com o pé na perna do adversário para fazê-lo cair. Nesse golpe, a potência do isquiotibial também é exigida.

Selecione a carga e depois deite-se de bruços sobre o aparelho. Posicione um calcanhar sob o rolo almofada-do ❶.
Leve o pé até as nádegas com a força dos isquiotibiais ❷. Mantenha a contração por 5 a 10 segundos antes de voltar à posição inicial.
Troque o pé e faça uma repetição com a outra perna, e assim por diante até a fadiga.

PONTOS A OBSERVAR

Se a almofada protetora rola de modo excessivo sobre seu tornozelo ou ameaça escapar na posição de alongamento, isso significa que a regulagem da alavanca móvel não está correta.

❶

❷

COMENTÁRIOS

A orientação da ponta dos pés tem um papel importante para o lutador. Ao flexionar as pontas dos pés na direção dos joelhos, você aumentará a força, pois a potência das panturrilhas se acrescentará à da parte posterior da coxa.

Além disso, você treinará o tibial anterior, situado na região anterior da perna (abaixo do joelho), músculo muito importante para o combate como veremos a seguir.

VARIANTE

De modo unilateral, solte o braço do aparelho e coloque-o sobre os pesos a fim de acentuar a dificuldade durante a contração isométrica.

VANTAGENS

Este exercício isola o trabalho da parte posterior da coxa e é relativamente fácil de executar.

⚠ PERIGOS

Ao dobrar as costas, obtém-se mais força, mas para isso paga-se o preço de comprimir as vértebras lombares.

FLEXÕES DA PARTE ANTERIOR DA PERNA (ABAIXO DO JOELHO)

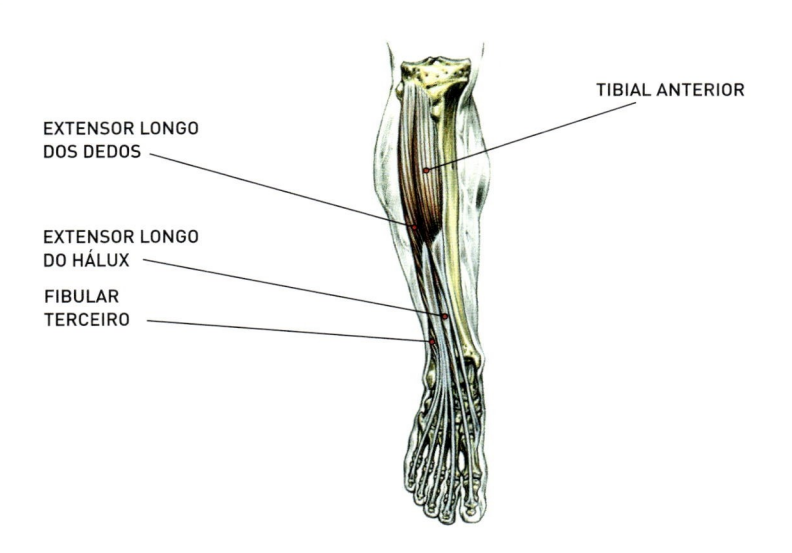

EXTENSOR LONGO DOS DEDOS

EXTENSOR LONGO DO HÁLUX

FIBULAR TERCEIRO

TIBIAL ANTERIOR

Este exercício de isolamento trabalha o tibial anterior de modo isométrico, como no combate.

OBJETIVOS PARA O LUTADOR

★ No solo, para bloquear um adversário e fazer um triângulo com as pernas, utilizamos muitas vezes a parte superior do pé como ponto de ancoragem, calçando-o contra a panturrilha ou a coxa do adversário. Desse modo, este é perfeitamente imobilizado, desde que o músculo da região anterior da perna (abaixo do joelho) tenha força de resistência estática suficiente.

★ O tibial anterior também protege a tíbia e dá potência aos chutes que são desferidos com a panturrilha ou com a parte superior do pé.

Encontre um ponto fixo, por exemplo, um aparelho de musculação sob o qual você possa colocar os pés. Posicione-os levemente voltados um para o outro. Apoiando-se sobre os calcanhares e sobre a parte superior das pontas dos pés, incline-se para trás. Mantenha a contração isométrica pelo menos 30 segundos. Descanse de 10 a 15 segundos entre as repetições.

PONTOS A OBSERVAR

Em um primeiro momento, mantenha a estabilidade com a ajuda de uma das mãos. Depois de ter desenvolvido força suficiente, tente não se estabilizar mais com a mão.

Coloque uma toalha dobrada entre o pé e a estrutura fixa a fim de evitar dores desnecessárias.

VARIANTES

A Quando tiver obtido resistência suficiente, não use mais os dois pés, mas um único por vez.

B Durante um bloqueio, o nível de flexão da coxa é muito variável. É preciso reproduzir essa diversidade dobrando mais ou menos a perna. Desse modo, o exercício pode ser praticado em pé, com as pernas quase estendidas, com as pernas dobradas a 45 graus ou a 90 graus, sentado no solo, etc.

VANTAGENS

Apesar de sua importância para o bloqueio no solo, o tibial anterior é um músculo muito negligenciado.

INCONVENIENTES

É preciso dispor de uma ancoragem sólida para poder praticar esse exercício.

⚠ PERIGOS

Cuidado para não deixar o pé escapar ou você sofrerá uma queda!

Este exercício de isolamento trabalha os músculos glúteos, lombares e isquiotibiais.

OBJETIVO PARA O LUTADOR

★ Quando, deitado de costas, você quer jogar um adversário que o bloqueia no solo, um impulso sobre os glúteos irá levantá-lo de modo eficaz. Assim, você pode se libertar e, talvez, inverter a posição.

Deitado com as costas no solo, braços ao longo do corpo, com os pés em um afastamento que corresponde à largura dos ombros, dobre os joelhos em 90 graus para levar os calcanhares na direção dos glúteos. Com a força dos glúteos, levante o tronco e as pernas o mais alto possível, a fim de formar um triângulo com o solo. Os ombros permanecem em contato com o solo e servem de alavanca ❶.
Mantenha a posição de contração por 1 segundo, contraindo as nádegas o mais forte possível. Retorne à posição original e repita.

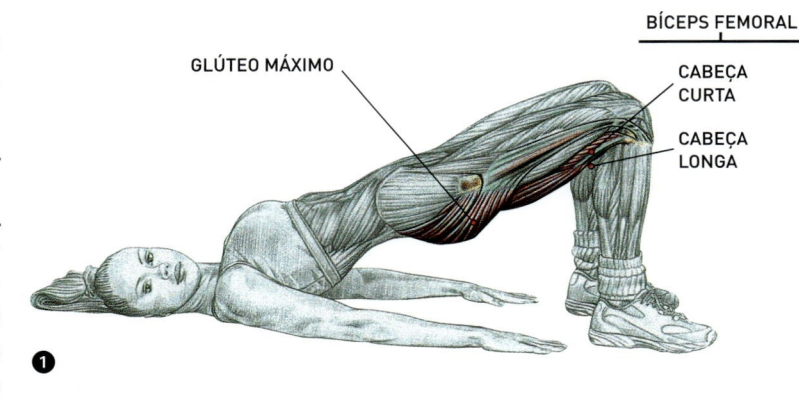

GLÚTEO MÁXIMO

BÍCEPS FEMORAL
CABEÇA CURTA
CABEÇA LONGA

❶

⚠ ATENÇÃO!

Ao contrário da jovem da ilustração, não vire a cabeça para o lado. Em vez disso, olhe para o teto a fim de não lesionar a região cervical.

PONTOS A OBSERVAR

A fim de conseguir potência de ejeção e aproveitar ao máximo o fator surpresa, a subida deve também ser o mais explosiva possível.

VARIANTES

❶ Coloque os pés mais ou menos afastados dos glúteos e mais ou menos afastados um do outro a fim de reproduzir as diferentes configurações encontradas no combate.

❷ É vital aumentar a dificuldade desse exercício, colocando um peso ou pedindo para um parceiro sentar-se

❷

sobre seu abdome (ou mesmo parceiro + peso).

VANTAGENS

Essa posição é muito semelhante à encontrada durante um combate.

INCONVENIENTES

O exercício é fácil de ser realizado e é por esse motivo que é preciso treinar com o máximo de carga possível.

⚠ PERIGOS

Não dobre as costas para poder subir o tronco ainda mais. Você corre o risco de criar um pinçamento dos discos lombares e cervicais.

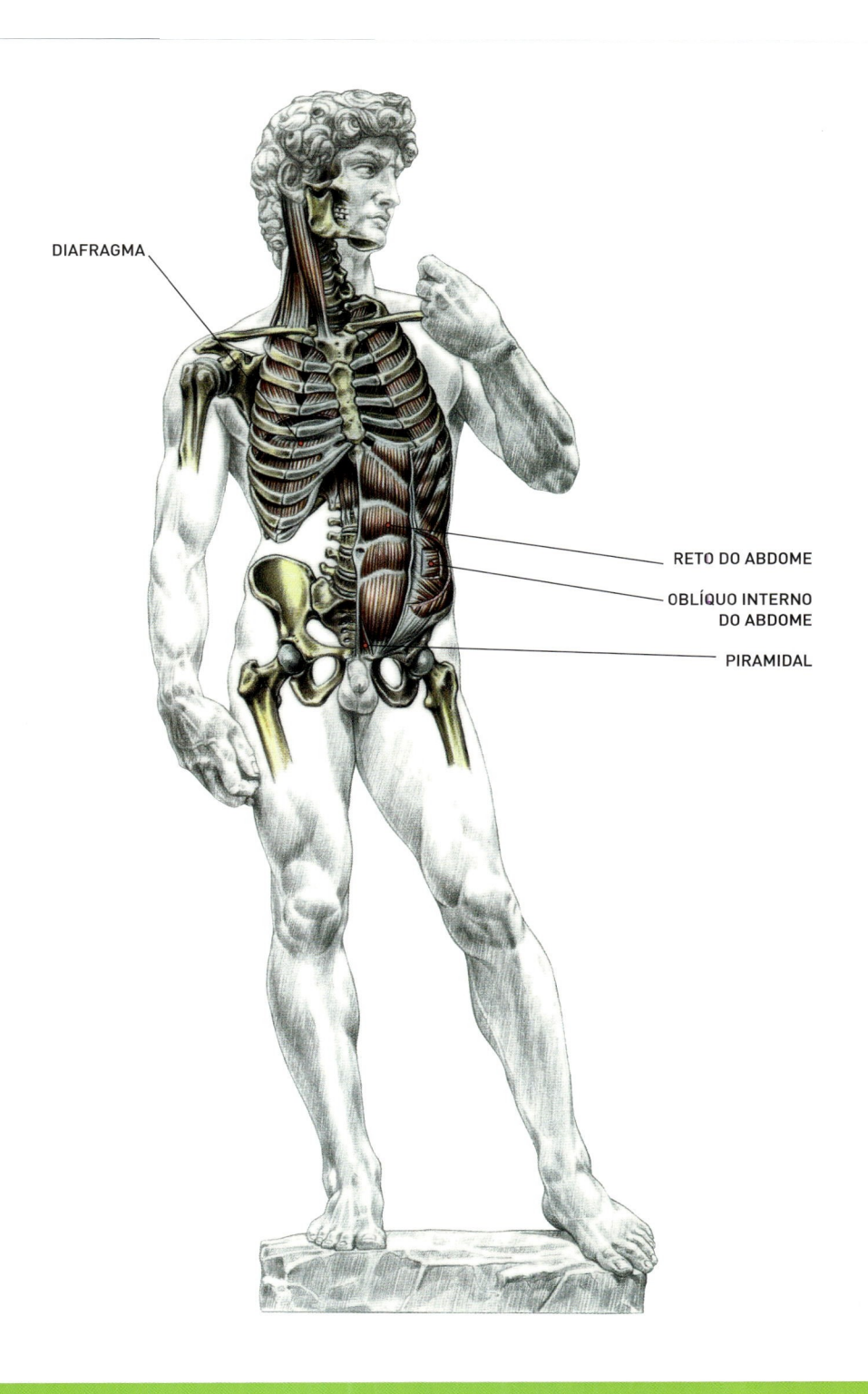

DIAFRAGMA

RETO DO ABDOME

OBLÍQUO INTERNO
DO ABDOME

PIRAMIDAL

As pesquisas científicas demonstraram que, durante um esforço de resistência, os músculos respiratórios, em especial o diafragma, se cansam. Como no caso dos outros músculos, a fadiga leva a uma diminuição de desempenho. Desse modo, exercícios de musculação para o diafragma produzem uma melhora evidente da resistência.

Por exemplo, entre os corredores o aquecimento dos músculos respiratórios antes de um percurso aumenta a resistência em 5% a 7%. Um treinamento respiratório de 4 semanas aumenta a resistência em 12% (Lomaxa, 2011). Os atletas de alto nível têm, além disso, um diafragma mais volumoso do que as pessoas sedentárias. Portanto, o lutador deve treinar seus músculos respiratórios para minimizar a falta de ar.

EXPANSÃO DO TÓRAX

Este exercício de isolamento reforça todos os músculos responsáveis pela inspiração, ao dificultar a expansão torácica.

OBJETIVO PARA O LUTADOR

★ Retardar a fadiga durante um combate e se habituar a respirar quando a caixa torácica estiver comprimida pelo peso de um adversário que o bloqueia no solo.

Deitado de costas no solo, coloque um disco de peso ❷ ou um haltere ❶ sobre o peito . Inspire com força a fim de inflar ao máximo a caixa torácica e, depois, expire, para desinflá-la.

PONTOS A OBSERVAR

Este exercício só é interessante para a resistência se for efetuado em séries longas (pelo menos 50 repetições).

COMENTÁRIOS

Coloque uma toalha dobrada entre o peso e seu corpo a fim de evitar dores desnecessárias e para poder treinar com a carga mais pesada possível.

VARIANTES

❹ Um parceiro pode se sentar sobre sua caixa torácica para oferecer resistência. Peça apenas que ele se sente o mais delicadamente possível, não de maneira brusca.

❺ Efetue esse exercício com o protetor bucal, pois ele dificultará ainda mais a sua respiração.

⚠ PERIGOS

Não comece com uma carga tão pesada que afunde suas costelas. Comece com uma carga leve a fim de acostumar sua caixa torácica.

❶

❷

IMPORTÂNCIA DA FLEXIBILIDADE DO QUADRIL

Para o combate, com as costas no solo, o lutador precisa ter flexibilidade no nível dos rotadores do quadril e dos glúteos para poder:
→ escorregar uma perna o mais alto possível para administrar um golpe na escápula;
→ agarrar a cabeça do adversário para um triângulo ou um estrangulamento.

Os exercícios de força deixam a pelve mais rígida, mas ela precisa permanecer flexível. Em comparação com aos praticantes de musculação que não se alongam, os lutadores de alto nível têm uma amplitude de pelve superior em cerca de um terço (Keating, 2011). O alongamento é indispensável para conservar essa amplitude.

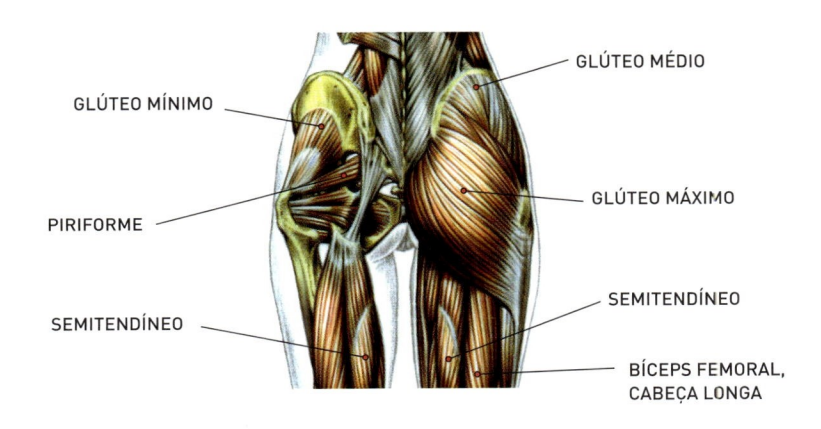

GLÚTEO MÉDIO

GLÚTEO MÍNIMO

PIRIFORME

GLÚTEO MÁXIMO

SEMITENDÍNEO

SEMITENDÍNEO

BÍCEPS FEMORAL, CABEÇA LONGA

ALONGAMENTOS DOS ROTADORES DO QUADRIL

O alongamento se dá sobre o músculo piriforme e também sobre os glúteos.
O piriforme é um músculo ainda mais importante porque, muitas vezes, é negligenciado.

OBJETIVO PARA
O LUTADOR

★ Obter a capacidade de elevar bastante a perna, enquanto o joelho está orientado para fora e o pé para dentro.

❶

❷

No solo, flexione uma perna na frente do corpo, enquanto a outra perna permanece estendida no prolongamento do corpo ❶. Incline o tronco para a frente, mãos apoiadas no solo ❷. Mantenha essa posição por 20 a 30 segundos antes de passar para a outra perna.

PONTOS A OBSERVAR

Quanto maior a inclinação do tronco, mais intenso será o alongamento.

VARIANTES

Ⓐ De costas, a perna esquerda permanece estendida, no prolongamento do tronco, enquanto a direita é flexionada. O joelho direito se aproxima da testa, graças a uma pequena ajuda da mão direita, se for preciso. Com a mão esquerda, segure o tornozelo direito para aproximá-lo também da cabeça.

Ⓑ Para um alongamento mais extenso, é o joelho esquerdo que pressiona o tornozelo direito.

COMENTÁRIOS

É muito importante que a flexibilidade do lado esquerdo seja equivalente à do lado direito. Na verdade, é raro que os dois lados da pelve tenham, naturalmente, fle-

xibilidade igual. Se os rotadores forem rígidos, isso pode pressionar a região lombar, tornando-a desse modo mais vulnerável a lesões.

VANTAGENS

O alongamento é idêntico ao empregado durante um combate no solo.

INCONVENIENTES

Os alongamentos não são os exercícios mais agradáveis que existem, mas para não ficar em desvantagem no solo, é preciso passar por eles.

⚠ PERIGOS

Ao usar a ajuda do solo ou da outra perna, é fácil alongar demais o piriforme, que é um músculo bastante frágil.

ERGUER E PUXAR UM ADVERSÁRIO

A fim de poder levantar um adversário para um *takedown* ou para tirá-lo do solo para um *slam*, é obrigatório que os músculos da região lombar sejam potentes. Os músculos dos braços e os dorsais têm um papel importante para puxar um adversário na sua direção. Os movimentos prediletos aqui são os levantamentos terra e as puxadas com uso de força.
O levantamento ou o retorno do adversário muitas vezes ocorrem no solo e as variantes feitas de joelhos são muito importantes.

LEVANTAMENTO TERRA, PERNAS FLEXIONADAS

Este exercício de base trabalha os músculos lombares, os dorsais, os músculos dos antebraços, os glúteos e as coxas.

OBJETIVO PARA O LUTADOR

★ Esse movimento dará ao iniciante uma força global crucial para levantar ou projetar um adversário, mas não se trata de um movimento específico para o combate.

Com os pés afastados a uma distância que corresponda à largura das clavículas, agache-se para pegar a barra que se encontra na frente de seus tornozelos ❶. Mantenha as costas retas, levemente dobradas para trás. Empurre com as pernas e puxe com as costas para se levantar ❷. O movimento das pernas e das costas deve ser tão sincronizado quanto possível. Não se deve empurrar primeiro com as pernas e depois puxar com as costas. Uma vez em pé ❸, incline-se para a frente, dobrando as pernas a fim de retomar a posição inicial.

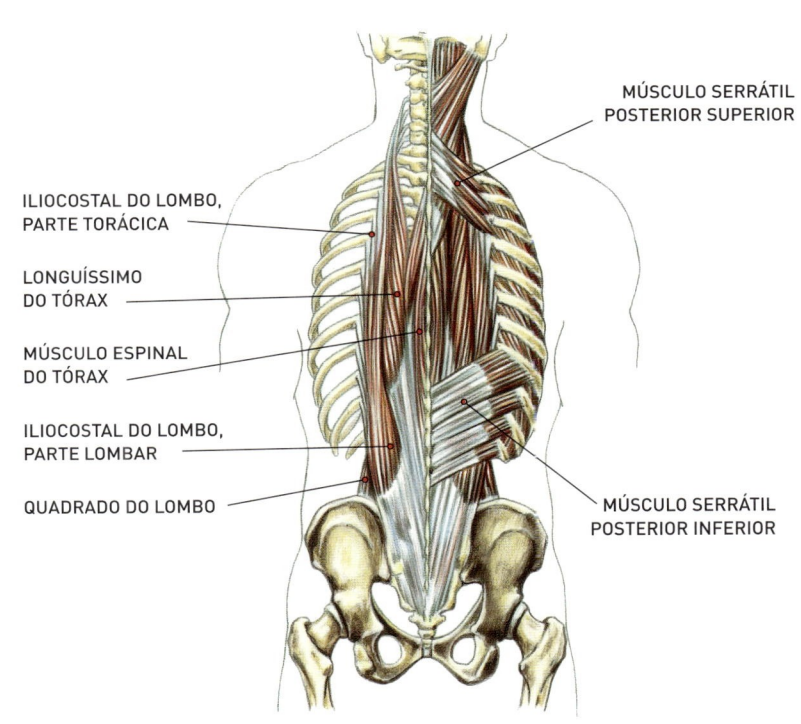

MÚSCULO SERRÁTIL POSTERIOR SUPERIOR

ILIOCOSTAL DO LOMBO, PARTE TORÁCICA

LONGUÍSSIMO DO TÓRAX

MÚSCULO ESPINAL DO TÓRAX

ILIOCOSTAL DO LOMBO, PARTE LOMBAR

QUADRADO DO LOMBO

MÚSCULO SERRÁTIL POSTERIOR INFERIOR

MÚSCULOS PROFUNDOS DAS COSTAS SOLICITADOS DURANTE O LEVANTAMENTO TERRA ESTILO "SUMÔ"

PONTOS A OBSERVAR

Quando os músculos lombares se cansam, torna-se cada vez mais cifícil conservar a

① ② ③

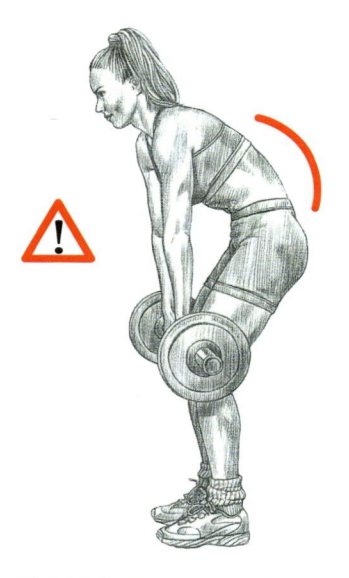

Para evitar qualquer risco de lesão, é importante nunca curvar as costas durante a execução do movimento.

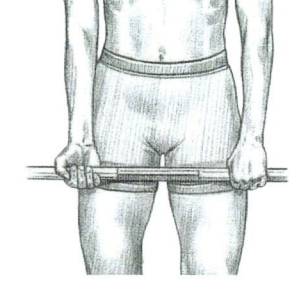

PEGADA POWER INVERTIDA

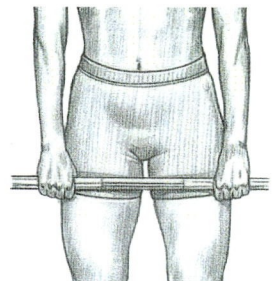

PEGADA CLÁSSICA

Ao limitar o efeito do rolamento, a pegada *power* invertida permite o uso de cargas muito maiores.

curvatura natural das costas. A coluna começa a se arquear, o que facilita o exercício e permite que se façam repetições extras. É por esse motivo que muito poucos atletas interrompem o exercício apesar de um posicionamento desastroso das cos-tas. A continuação do movimento quando os discos lombares estão mal posicionados devido à fadiga não é uma boa ideia. É preferível parar quando as costas começam a se arquear.

COMENTÁRIOS

Não encadeie as repetições de modo ritmado. Quando a barra tocar o solo, marque uma pausa de pelo menos 2 segundos (ou mais se você usar a técnica de repouso entre repetições). De fato, ao recomeçar imediatamente, você seria auxiliado pela energia elástica armazenada nos músculos durante a descida da barra. Durante um combate, para levantar um adversário, não existe pré-alongamento e, portanto, não existe a ajuda da energia elástica. Quando se procede assim, os levantamentos terra são excelentes para trabalhar a força de partida e a força de aceleração.

VARIANTES

Ⓐ A pegada de mão tipicamente invertida, ou seja, uma mão está em supinação (polegar para fora) e a outra em pronação (polegar para dentro). Essa pegada permite segurar melhor a barra, mas coloca o bíceps da mão em supinação em uma posição de grande vulnerabilidade para rupturas. A dupla pronação protege o bíceps, mas torna mais difícil segurar a barra. É esta pegada, menos arriscada, que nós o aconselhamos a adotar.

Ⓑ O afastamento das pernas pode ser modulado, indo desde pés juntos a pés afastados. Escolha o afastamento que você utiliza mais frequentemente em combate.

Ⓒ Em vez de uma barra longa, é possível utilizar dois halteres. Apesar de suas vantagens, esta variante desloca demais o centro de gravidade para trás. Durante um levantamento, o adversário está sempre na sua frente, da mesma maneira que a barra de musculação.

Ⓓ Em vez de colocar a barra no solo, ela pode ser colocada mais alto, sobre um banco ou sobre os apoios de segurança de um rack de agachamento. O fato de reduzir a amplitude do movimento permite manipular cargas maiores, ao mesmo tempo que reduz os riscos de lesões na região lombar. Se, em combate, você sempre levanta o seu adversário em pé, esta variante é a mais adaptada a suas necessidades. Se, pelo contrário, você realiza muitos combates corpo a corpo no solo, a versão completa é a mais adequada para seu estilo de combate.

Ⓔ Levantamento posicionado de joelhos: trata-se de uma variante específica para o combate no solo. Ela prepara para deslocar ou recolocar um adversário deitado no solo enquanto você está ajoelhado diante dele. Nessa posição, segure um ou dois halteres, colocados na sua frente, inclinando o tronco. Suba o tronco, antes de voltar a descer para depositar a carga no solo. Entre as repetições, não esqueça de soltar a carga por 1 segundo. A fim de evitar problemas no joelho, dobre uma toalha ou um tapete macio e coloque entre o solo e seus joelhos.

VANTAGENS

Trata-se do movimento de musculação mais completo. Ele trabalha todos os músculos em um mínimo de tempo.

INCONVENIENTES

Este exercício é muito cansativo, pois numerosos músculos entram em jogo.

> **⚠ ATENÇÃO!**
>
> Aqueça bem os abdominais, os oblíquos e os músculos espinais para otimizar os músculos da região lombar.

⚠ PERIGO

A coluna vertebral é intensamente solicitada. Os riscos de compressão dos discos intervertebrais são grandes, mesmo com um bom posicionamento das costas. Alongue-se na barra fixa no final da sessão (ver p. 50).

Ⓔ

LEVANTAMENTO TERRA, PERNAS SEMIESTENDIDAS

Este exercício de base trabalha os isquiotibiais, os glúteos, os lombares e as costas.

OBJETIVO PARA O LUTADOR

★ Trata-se de um movimento específico para o combate no solo (ver o quadro na próxima página).

Pés próximos um do outro, mãos em pronação, incline-se para a frente para pegar a barra no solo ❶. Mantenha as costas retas, muito levemente dobradas para trás e as pernas semiestendidas. Suba com a força dos isquiotibiais, contraindo bem os glúteos. Uma vez em pé, incline-se de novo para a frente a fim de retomar a posição inicial.

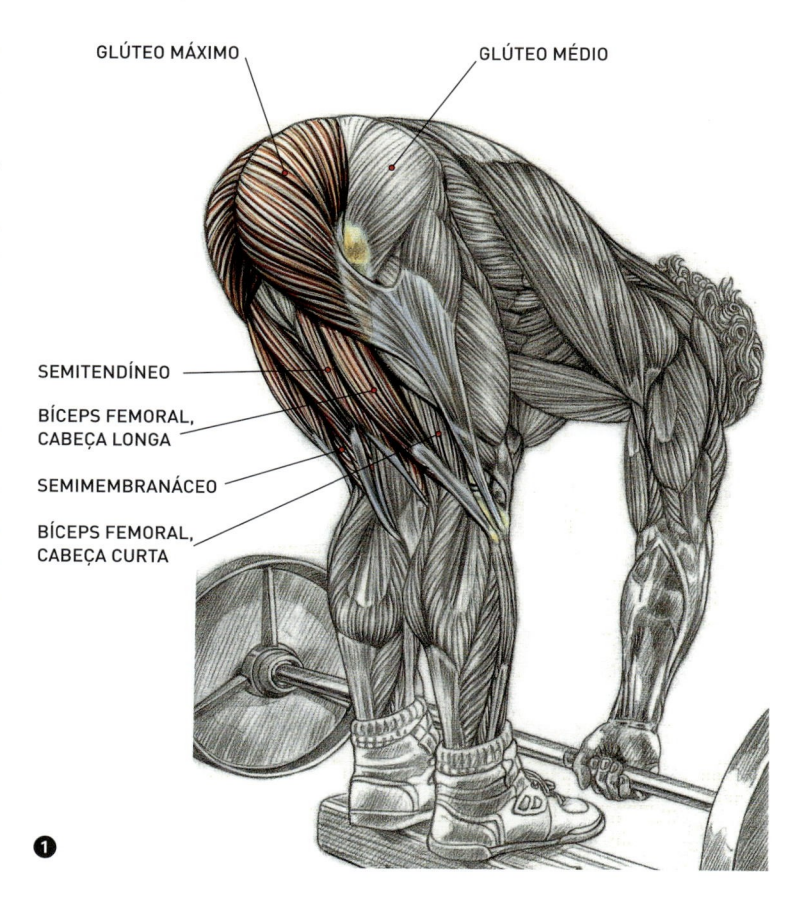

GLÚTEO MÁXIMO

GLÚTEO MÉDIO

SEMITENDÍNEO

BÍCEPS FEMORAL, CABEÇA LONGA

SEMIMEMBRANÁCEO

BÍCEPS FEMORAL, CABEÇA CURTA

❶

PONTOS A OBSERVAR

Quanto mais você se inclinar, mais difícil será conservar a curvatura natural das costas. A coluna começa a se arquear. Nesse caso, reduza a amplitude do movimento, descendo menos a barra, a fim de manter as costas sempre retas.

VANTAGENS

Este exercício alonga os isquiotibiais de modo intenso, por isso sua capacidade de gerar grandes curvaturas.

INCONVENIENTES

Trata-se de um movimento perigoso. Quando os músculos lombares se cansam, a coluna vertebral tende a se arquear. A armadilha é que, ao curvar as costas, ganha-se ao mesmo tempo amplitude e força, o que é muito tentador, mas perigoso.

⚠ PERIGOS

A coluna vertebral é intensamente comprimida, mesmo que o movimento seja perfeitamente executado.

DIFERENÇAS ENTRE O LEVANTAMENTO TERRA COM AS PERNAS SEMIESTENDIDAS E O LEVANTAMENTO TERRA COM AS PERNAS DOBRADAS

O levantamento terra, pernas semiestendidas, é uma variante do levantamento terra, pernas dobradas, mais específica para o combate no solo. De fato, quando, em pé, o lutador se inclina para a frente para pegar ou virar um adversário que está no solo, ele se coloca na posição do levantamento terra, pernas semiestendidas:

→ coloca ainda mais os músculos da região lombar em uma posição instável, pois obriga a pessoa a se inclinar mais para a frente do que o levantamento terra clássico;

→ solicita mais a parte posterior e menos anterior da coxa.

COMENTÁRIOS

O levantamento terra, pernas estendidas, corresponde mais à luta no solo e menos ao combate em pé, o que ajuda a escolher entre as duas versões. De fato, recomendamos que não se pratique essas duas formas de levantamento terra na mesma sessão a fim de não sobrecarregar a região lombar.

ARREMESSO

Este exercício de base trabalha os músculos lombares, os dorsais, os braços, os glúteos, as coxas e as panturrilhas. Os ombros também são intensamente solicitados na versão em que se projeta os braços acima da cabeça. Essa última variante corresponde ao que se chama de arremesso de ombro em halterofilismo.

OBJETIVOS PARA O LUTADOR

★ Trata-se do movimento mais completo, pois todos os músculos do corpo são postos em ação.

★ Embora pouco específico ao combate, o ombro dará ao iniciante a potência global crítica necessária para dominar com a força durante um corpo a corpo.

Agache-se para pegar dois halteres que se encontram a seus pés. Mantenha as costas retas, muito levemente dobradas para trás ❶. A pegada de mãos deve ser natural. O ideal é adotar a semipronação (polegares para a frente, levemente orientados um para o outro). Empurre com as pernas e puxe com as costas para se levantar ❷. Os movimentos

das pernas e das costas devem ser o mais sincronizados possível ❸. Quando estiver quase em pé, utilize o impulso para dobrar os braços (mãos quase em pronação) ❹ e leve os halteres ao nível dos ombros ❺. A partir daí, desça os pesos e incline-se para a frente, dobrando as pernas, a fim de retomar a posição inicial.

PONTOS A OBSERVAR

Faça um bom aquecimento antes de usar cargas pesadas. Esse aquecimento deve não apenas preparar seus músculos, mas também condicioná-los do ponto de vista da técnica de execução do movimento.

COMENTÁRIOS

Mantenha a cabeça bem reta, o olhar levemente voltado para cima. Evite principalmente olhar para a direita ou para a esquerda, pois isso poderia desequilibrá-lo e favoreceria lesões nas costas.

VARIANTES

❶ Para um movimento mais completo, que solicite os ombros e os tríceps, você pode estender os braços acima da cabeça a fim de executar o arremesso em toda a amplitude. Trata-se

Ⓐ

de um movimento mais complexo que não recomendamos aos iniciantes que tenham menos de 3 meses de experiência em musculação.

Ⓑ

❷ Em halterofilia, utiliza-se uma barra longa. Mas esta provoca uma rigidez e uma simetria de movimento que não correspondem à realidade do combate.

VANTAGENS

Este exercício de ombro solicita todos os grupos musculares em um tempo mínimo. Ele treina portanto os músculos, mas também permite obter uma melhora da coordenação motora. Como o movimento é explosivo, proporciona muita potência. Ele também é excelente em série longa para ganhar em força de resistência.

INCONVENIENTES

Trata-se de um exercício muito técnico que exige certa experiência, além de um domínio muscular.

⚠ PERIGOS

A explosão do movimento é potencialmente perigosa. É preciso abordar este exercício com muita prudência. Não comece com cargas pesadas.

PUXADA HORIZONTAL

Este movimento de base trabalha todos os músculos das costas, assim como os bíceps, os antebraços e as coxas.

OBJETIVOS PARA O LUTADOR

★ Esse movimento corresponde a uma posição de corpo a corpo, na qual, em pé, você se inclina para a frente para pegar ou virar um adversário que está no solo.

★ Este exercício dá também força para desestabilizar um adversário puxando-o em sua direção no combate em pé.

Incline-se para a frente para que o tronco forme um ângulo que pode variar de 90 a 145 graus em relação ao solo. Pegue dois halteres ou dois *kettlebells*, mãos em pegada neutra (polegares voltados para a frente) ❶. Puxe a carga com os braços para levar os cotovelos o mais alto possível ❷. Firme bem as escápulas uma contra a outra antes de descer.

PONTOS A OBSERVAR

Como regra geral, é preciso puxar os halteres mais ou menos até a altura do umbigo. Mas alguns preferem levá-los um pouco mais alto, na direção dos peitorais; outros preferem levá-los um pouco mais baixo, na direção das coxas.

❶

❷

Do mesmo modo, em relação às mãos, alguns gostam de colocar os polegares levemente voltados para dentro e outros preferem deixá-los voltados para fora. Você deve encontrar a posição que se parece mais com a adotada em seu estilo de combate.

COMENTÁRIOS

Mantenha a cabeça alta, sobretudo na fase de contração. Evite virá-la para a direita ou para a esquerda.

VARIANTE

Variante de joelhos: trata-se de uma variante específica para o combate no solo. Ela treina o deslocamento ou o levantamento de um adversário deitado no solo, enquanto você está ajoelhado, em controle lateral. Nessa posição, inclinado para a frente, segure um ou dois halteres colocados à sua frente para realizar a puxada horizontal. Entre cada repetição, relaxe o haltere por 1 segundo antes de retomar o exercício.

Ajoelhado, toda a dificuldade consiste em manter o equilíbrio graças a uma boa ancoragem da tíbia no solo, permitida por uma forte contração do quadríceps. Para evitar problemas nos joelhos, dobre uma toalha ou um tapete macio e coloque-o entre o solo e seus joelhos.

VANTAGENS

A puxada horizontal trabalha de maneira coordenada toda a cadeia de músculos que servem para puxar, seja qual for sua posição (em pé ou no solo).

INCONVENIENTES

A posição inclinada solicita intensamente a coluna vertebral.

⚠ PERIGOS

Embora a inclinação de 145 graus seja menos perigosa do que a de 90 graus, a puxada horizontal continua a ser arriscada para as costas, sobretudo com cargas pesadas.

POPULARIDADE NÃO SIGNIFICA EFICÁCIA

Um exercício muito popular entre os lutadores consiste em se levantar com a força dos braços e das costas, com o corpo mais ou menos paralelo ao solo, enquanto se olha para o teto.

Esse exercício não corresponde a nenhum movimento de combate, pois nunca se puxa um adversário quando os músculos da região lombar e as coxas estão relaxados. Quando se puxa com os braços ou as costas, é necessário que a região lombar transmita perfeitamente a força para as coxas que servem para ancorar o corpo ao solo.

Para compensar essa fraqueza do exercício, é necessário fazer um movimento de isolamento para reforçar os músculos sacrolombares e outro exercício para as coxas.

Substituindo esse exercício pela puxada horizontal inclinada para a frente, treinam-se os braços, e dorsais, as pernas e os músculos lombares para trabalharem em conjunto. O exercício é, com certeza, mais difícil, pois

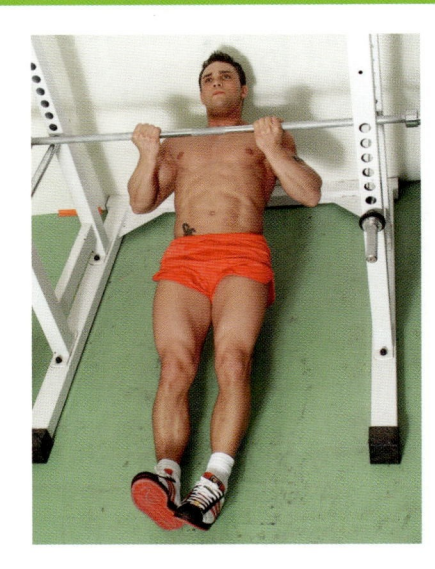

solicita todo o corpo, mas em contrapartida é mais produtivo e levará menos tempo para ser realizado do que vários movimentos de isolamento menos pertinentes para o lutador.

COMO PÔDE SER PERCEBIDO, CABE A VOCÊ ADAPTAR SEU PROGRAMA DE MUSCULAÇÃO ÀS EXIGÊNCIAS DE SUA MODALIDADE DE COMBATE, E NÃO O SEU TREINAMENTO AOS LIMITES DE UM DETERMINADO PROGRAMA DE MUSCULAÇÃO. VOCÊ JÁ VIU OS INÚMEROS CONSELHOS DURANTE OS EXERCÍCIOS; AGORA, NA ÚLTIMA PARTE DO LIVRO, PROPOMOS EXEMPLOS DE ÓTIMOS PROGRAMAS, PARA QUE VOCÊ POSSA TRABALHAR OS GRUPOS MUSCULARES QUE TIVER NECESSIDADE SEM QUE ISSO PESE SOBRE SEU TEMPO DE TREINAMENTO.

PROGRAMAS DE TREINAMENTO

Se você nunca praticou musculação, é importante iniciar com um programa de fortalecimento global para aumentar rapidamente sua força muscular. É preciso começar com as técnicas gerais de musculação a fim de aprender a execução correta dos exercícios clássicos, o posicionamento das costas, a respiração, etc.

Estes programas são menos voltados para a luta, mas são mais simples do que os de musculação específica. Antes de correr, é preciso aprender a andar; isso evita muitas quedas! Uma vez que você domine as técnicas de base, oriente-se para os programas mais especializados para a luta a fim de desenvolver força, velocidade, potência e resistência.

PROGRAMA DE FAMILIARIZAÇÃO COM A MUSCULAÇÃO

Este programa deve ser seguido durante 1 mês, com cerca de 1 a 2 sessões por semana.

1 ARREMESSO   p. 121

2 séries de 12 a 8 repetições

2 DESENVOLVIMENTO DEITADO (SUPINO), PEGADA FECHADA   p. 81

3 séries de 10 a 6 repetições

3 AGACHAMENTOS PARCIAIS   p. 90

3 séries de 12 a 8 repetições

4 FLEXÃO DOS ANTEBRAÇOS   p. 104

2 séries de 20 a 12 repetições

FASE DE AUMENTO DO VOLUME DE EXERCÍCIOS

Este programa deve ser aplicado quando você já se sentir à vontade com o programa de familiarização. Faça 2 sessões por semana.

1 ARREMESSO   p. 121

2 séries de 10 a 4 repetições

2 DESENVOLVIMENTO DEITADO (SUPINO), PEGADA FECHADA   p. 81

3 séries de 8 a 4 repetições

3 **AGACHAMENTOS PARCIAIS** p. 90

3 séries de 10 a 6 repetições

4 **ABDOMINAIS (ELEVAÇÃO DO TRONCO)** p. 70

2 séries de 20 a 12 repetições

5 **PUXADA HORIZONTAL** p. 123

2 séries de 12 a 8 repetições

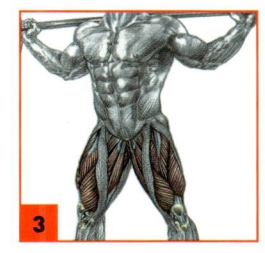

PROGRAMA INICIANTE, FASE AVANÇADA

Depois de 2 a 3 meses, passe para a fase avançada do programa. Faça pelo menos 2 sessões por semana.

1 **ARREMESSO** p. 121

3 séries de 10 a 4 repetições

2 **DESENVOLVIMENTO DEITADO (SUPINO), PEGADA FECHADA** p. 81

3 séries de 8 a 4 repetições

3 **AGACHAMENTOS PARCIAIS** p. 90

3 séries de 10 a 6 repetições

4 **ABDOMINAIS (ELEVAÇÃO DO TRONCO)** p. 70

2 séries de 20 a 12 repetições

5 **PUXADA HORIZONTAL** p. 123

2 séries de 12 a 8 repetições

6 **EXTENSÕES *POWER* DO TRÍCEPS** p. 101

2 séries de 12 a 8 repetições

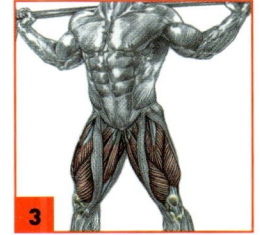

Depois de vários meses de treinamento básico, passe para os programas mais voltados para a luta. O ideal é fazer pelo menos 1 programa com foco na luta por semana e, em outro dia, 1 treinamento em circuito [ver p. 135 e as seguintes].

PROGRAMA BÁSICO

1 **GOLPES DE PUNHO COM POLIA** p. 83
3 séries de 8 a 4 repetições

2 **LEVANTAMENTO TERRA, PERNAS SEMIESTENDIDAS** p. 120
3 séries de 10 a 6 repetições

3 **LANÇAMENTOS DE *MEDICINE BALL*** p. 85
3 séries de 20 repetições

4 **AGACHAMENTOS PARCIAIS** p. 90
3 séries de 10 a 6 repetições

5 **EXTENSÕES DOS PUNHOS** p. 87
2 séries de 20 a 12 repetições

6 **ROTAÇÕES DO TRONCO** p. 74
2 séries de 12 a 8 repetições

 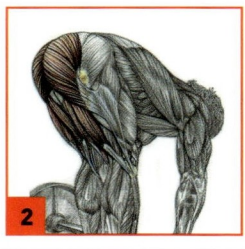
 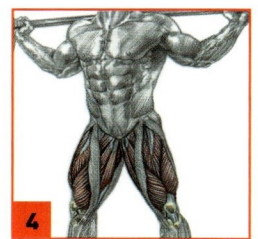

PROGRAMA INTERMEDIÁRIO

1 **GOLPES DE PUNHO COM POLIA** p. 83
3 séries de 8 a 4 repetições

2 **LEVANTAMENTO TERRA, PERNAS SEMIESTENDIDAS** p. 120
2 séries de 10 a 6 repetições

3 **LANÇAMENTOS DE *MEDICINE BALL*** p. 85
3 séries de 20 repetições

4 **AGACHAMENTOS PARCIAIS** p. 90
2 séries de 10 a 6 repetições

 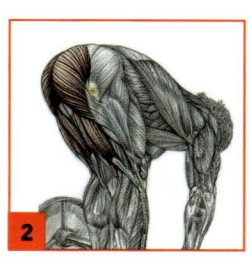

5 **ROTAÇÕES DO TRONCO** p. 74

2 séries de 12 a 8 repetições

6 **PUXADA HORIZONTAL** p. 123

2 séries de 12 a 8 repetições

7 **EXTENSÕES DOS PUNHOS** p. 87

2 séries de 20 a 12 repetições

8 **TRAÇÃO NA BARRA FIXA** p. 102

2 séries de 30 a 20 repetições

9 **ADUÇÕES ISOMÉTRICAS** p. 106

1 série de 5 a 3 repetições,
cada uma mantida pelo menos por 30 segundos

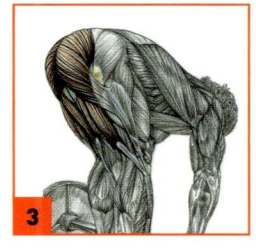

PROGRAMA AVANÇADO

1 **GOLPES DE PUNHO COM POLIA** p. 83

2 séries de 8 a 4 repetições

2 **ELEVAÇÃO DE PERNA, EM PÉ** p. 96

2 séries de 10 a 6 repetições

3 **LEVANTAMENTO TERRA, PERNAS SEMIESTENDIDAS** p. 120

2 séries de 10 a 6 repetições

4 **LANÇAMENTOS DE** *MEDICINE BALL* p. 85

2 séries de 20 repetições

5 **AGACHAMENTOS PARCIAIS** p. 90

2 séries de 10 a 6 repetições

6 **ROTAÇÕES DO TRONCO** p. 74

2 séries de 12 a 8 repetições

7 PUXADA HORIZONTAL p. 123

2 séries de 12 a 8 repetições

8 ADUÇÕES ISOMÉTRICAS p. 106

1 série de 6 a 3 repetições,
cada uma mantida pelo menos por 30 segundos

9 ENCOLHIMENTO p. 66

2 séries de 10 a 6 repetições

10 TRAÇÃO NA BARRA FIXA p. 102

2 séries de 30 a 20 repetições

11 FLEXÕES DA PARTE ANTERIOR DA PERNA p. 111

1 série de 6 a 4 repetições,
cada uma mantida pelo menos por 30 segundos

 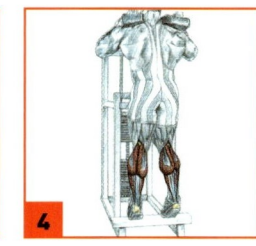

Para focar a melhora de alguns golpes, opte por um programa de reforço ainda mais específico. O ideal é fazer pelo menos 2 sessões de especialização por semana e, em outro dia, 1 treinamento em circuito [ver p. 137 e as seguintes].

PROGRAMA ESPECÍFICO PARA O BOXE

1 GOLPES DE PUNHO COM POLIA p. 83

5 séries de 12 a 8 repetições

2 AGACHAMENTOS PARCIAIS p. 90

3 séries de 10 a 6 repetições

3 LANÇAMENTOS DE *MEDICINE BALL* p. 85

3 séries de 15 repetições

4 EXTENSÃO DAS PANTURRILHAS p. 92

3 séries de 20 a 10 repetições

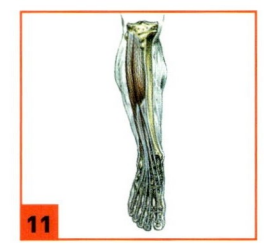

5 **EXTENSÕES DOS PUNHOS**

6 **COM FLEXÃO (ENROLAMENTO) DOS PUNHOS** p.87 e p.89

3 superséries de 20 a 15 repetições

PROGRAMA ESPECÍFICO PARA GOLPES COM OS PÉS

1 **ELEVAÇÃO DE PERNA, EM PÉ** p.96

4 séries de 8 a 4 repetições

2 **AGACHAMENTOS PARCIAIS** p.90

3 séries de 10 a 6 repetições

3 **ELEVAÇÃO DE PERNA, BARRA FIXA** p.98

3 séries de 20 a 10 repetições

4 **GOLPE DE JOELHO COM QUATRO APOIOS** p.99

4 séries de 10 a 6 repetições

5 **ABDOMINAIS (ELEVAÇÃO DO TRONCO)** p.70

3 séries de 25 a 12 repetições

PROGRAMA ESPECÍFICO PARA LUTAS NO SOLO

1 **PRENSA COM AS COXAS, EM TODA A AMPLITUDE** p.108

3 séries de 10 a 6 repetições

2 **SUSPENSÃO EM FAIXAS** p.105

1 série de 3 a 6 repetições,
cada uma mantida pelo menos por 30 segundos

3 ADUÇÕES ISOMÉTRICAS   p. 106

1 série de 3 a 6 repetições, cada uma mantida pelo menos por 30 segundos.

4 FLEXÕES DA PARTE ANTERIOR DA PERNA   p. 111

1 série de 3 a 6 repetições,
cada uma mantida pelo menos por 30 segundos

5 LEVANTAMENTO TERRA, DE JOELHOS   p. 119

3 séries de 20 a 12 repetições

6 ROTAÇÕES DO TRONCO   p. 74

3 séries de 25 a 12 repetições

PROGRAMA ESPECÍFICO PARA O CORPO A CORPO

1 AGACHAMENTOS PARCIAIS   p. 90

4 séries de 10 a 6 repetições

**2 DESENVOLVIMENTO DEITADO (SUPINO),
PEGADA FECHADA**   p. 81

4 séries de 10 a 6 repetições

3 LEVANTAMENTO TERRA, DE JOELHOS   p. 119

3 séries de 20 a 12 repetições

4 SUSPENSÃO EM FAIXAS   p. 105

1 série de 3 a 6 repetições,
cada uma mantida pelo menos por 30 segundos

5 ENCOLHIMENTO   p. 66

3 séries de 8 a 6 repetições

6 EXTENSÃO DAS PANTURRILHAS   p. 92

3 séries de 20 a 10 repetições

 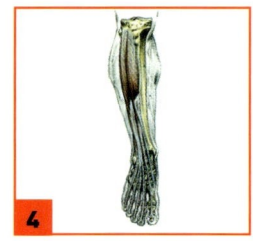

A fim de melhorar seu desempenho cardiorrespiratório, opte por um programa em circuito. Estes circuitos devem ser introduzidos progressivamente depois de 1 a 2 meses de musculação clássica.

CIRCUITO BÁSICO

Fazer 2 a 3 circuitos de 15 a 20 repetições, com um mínimo de repouso entre as séries. Repita este treinamento pelo menos 1 vez por semana.

1 ARREMESSO p. 121

15 a 20 repetições

2 DESENVOLVIMENTO DEITADO (SUPINO), PEGADA FECHADA p. 81

15 a 20 repetições

3 AGACHAMENTOS PARCIAIS p. 90

15 a 20 repetições

4 ABDOMINAIS (ELEVAÇÃO DO TRONCO) p. 70

15 a 20 repetições

CIRCUITO INTERMEDIÁRIO

Faça 3 a 4 circuitos de 15 a 20 repetições, com um mínimo de repouso entre os exercícios. Repita este treinamento pelo menos 1 vez por semana.

1 ARREMESSO p. 121

15 a 20 repetições

2 DESENVOLVIMENTO DEITADO (SUPINO), PEGADA FECHADA p. 81

15 a 20 repetições

3 ROTAÇÕES DO TRONCO p. 74

15 a 20 repetições

4 AGACHAMENTOS PARCIAIS p. 90

15 a 20 repetições

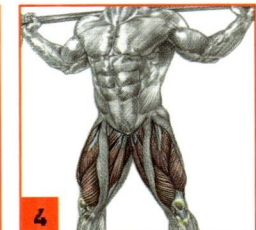

5 **ABDOMINAIS (ELEVAÇÃO DO TRONCO)** p. 70

15 a 20 repetições

> **OBSERVAÇÃO :** Faça alguns circuitos com o protetor de dentes; ele dificulta a respiração, em especial quando não se está familiarizado com o uso.

CIRCUITO AVANÇADO

Faça 3 a 4 circuitos de 15 a 20 repetições, sem tempo de repouso entre os exercícios. Repita este treinamento pelo menos 2 vezes por semana.

1 **ARREMESSO** p. 121

15 a 20 repetições

2 **DESENVOLVIMENTO DEITADO (SUPINO), PEGADA FECHADA** p. 81

15 a 20 repetições

3 **AGACHAMENTOS PARCIAIS** p. 90

15 a 20 repetições

4 **ABDOMINAIS (ELEVAÇÃO DO TRONCO)** p. 70

15 a 20 repetições

5 **PUXADA HORIZONTAL** p. 123

15 a 20 repetições

6 **EXPANSÃO DO TÓRAX** p. 114

Pelo menos 50 repetições

A fim de aumentar em conjunto a resistência e a eficácia de alguns golpes, opte por circuitos mais específicos.

CIRCUITO ESPECÍFICO PARA O BOXE

Faça de 3 a 5 circuitos de 15 a 20 repetições, sem tempo de repouso entre os exercícios. Repita este treinamento pelo menos 1 vez por semana.

1 GOLPES DE PUNHO COM POLIA   p. 83
15 a 20 repetições

2 AGACHAMENTOS PARCIAIS   p. 90
15 a 20 repetições

3 LANÇAMENTOS DE *MEDICINE BALL*   p. 85
15 a 20 repetições

4 EXTENSÕES DOS PUNHOS   p. 87
15 a 20 repetições

5 EXPANSÃO DO TÓRAX   p. 114
Pelo menos 50 repetições

CIRCUITO ESPECÍFICO PARA GOLPES COM OS PÉS

Faça 3 a 5 circuitos de 15 a 20 repetições, sem tempo de repouso entre os exercícios. Repita este treinamento pelo menos 1 vez por semana.

1 ELEVAÇÃO DE PERNA, EM PÉ   p. 96
15 a 20 repetições

2 AGACHAMENTOS PARCIAIS   p. 90
15 a 20 repetições

3 ABDOMINAIS (ELEVAÇÃO DO TRONCO) p. 70
15 a 20 repetições

4 GOLPE DE JOELHO COM QUATRO APOIOS   p. 99
15 a 20 repetições

 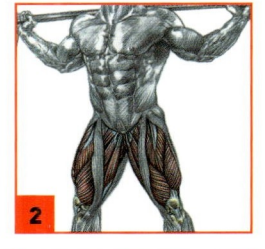

5 EXPANSÃO DO TÓRAX .... p. 114

Pelo menos 50 repetições

CIRCUITO ESPECÍFICO PARA LUTAS NO SOLO

Faça 3 a 4 circuitos de 15 a 20 repetições, sem tempo de repouso entre os exercícios. Repita este treinamento pelo menos 1 vez por semana.

1 PRENSA COM AS COXAS, EM TODA A AMPLITUDE .... p. 108

15 a 20 repetições

2 SUSPENSÃO EM FAIXAS .... p. 105

15 a 20 repetições

3 ADUÇÕES ISOMÉTRICAS .... p. 106

3 repetições, cada uma mantida pelo menos por 30 segundos.

4 ROTAÇÕES DO TRONCO .... p. 74

15 a 20 repetições

5 LEVANTAMENTO TERRA, DE JOELHOS p. 119

15 a 20 repetições

6 EXPANSÃO DO TÓRAX p.114

Pelo menos 50 repetições

CIRCUITO ESPECÍFICO PARA O CORPO A CORPO

Faça 3 a 4 circuitos de 12 a 15 repetições, sem tempo de repouso entre os exercícios. Repita este treinamento pelo menos 1 vez por semana.

1 AGACHAMENTOS PARCIAIS .... p. 90

12 a 15 repetições

2 ENCOLHIMENTO .... p. 66

12 a 15 repetições

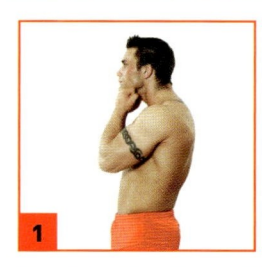

O pescoço e o abdome são dois grupos musculares que podem ser reforçados de modo isolado, em casa, com pouco material, para ganhar mais tempo na academia.

PARA PROTEGER O PESCOÇO

Faça 3 a 5 circuitos de 20 a 30 repetições, sem tempo de repouso entre os exercícios. Repita este treinamento 2 a 3 vezes por semana.

PARA O ABDOME

Faça 4 a 6 circuitos, sem tempo de repouso entre os exercícios. Repita este treinamento 2 a 3 vezes por semana.

1 ABDOMINAIS (ELEVAÇÃO DO TRONCO) p. 70
50 a 30 repetições

2 PRANCHA ESTÁTICA p. 78
Pelo menos 30 segundos

3 ROTAÇÕES DO TRONCO p. 74
30 a 15 repetições por lado

4 PRANCHA ESTÁTICA p. 78
Pelo menos 30 segundos

A menor dor articular afetará negativamente o seu desempenho. Programas de musculação focada podem ajudar a prevenir as lesões mais comuns na luta. O objetivo aqui é consolidar os elos fracos das articulações mais expostas.

PREVENÇÃO DE DORES NOS OMBROS

Os esportes de combate obrigam a movimentar intensamente os ombros e podem provocar dores nos deltoides. A fim de prevenir esses traumatismos, é preciso manter a estabilidade das articulações, fortalecendo os músculos de sustentação, ou seja, a região posterior dos ombros, os interespinais e a parte ascendente dos trapézios [ver p. 65].

Faça 3 a 5 circuitos de 15 a 25 repetições, sem tempo de repouso entre os exercícios, pelo menos 2 vezes por semana. Integre esse circuito ao início de seus treinamentos de musculação ou de combate, como um aquecimento.

1 ROTAÇÃO LATERAL DO OMBRO COM POLIA p. 85
15 a 25 repetições

2 PUXADA HORIZONTAL p. 123
15 a 25 repetições

PREVENÇÃO DE DORES LOMBARES

A parte inferior das costas é intensamente solicitada em um combate. A fim de prevenir as dores lombares, é preciso fortalecer os músculos de sustentação da coluna, ou seja, os abdominais (sobretudo a parte inferior), os oblíquos e também os espinais.

Faça 2 a 4 circuitos de 15 a 25 repetições, com um mínimo de tempo de repouso entre os exercícios, ao menos 1 vez por semana. Integre esse circuito no fim de seus treinamentos de musculação ou de combate.

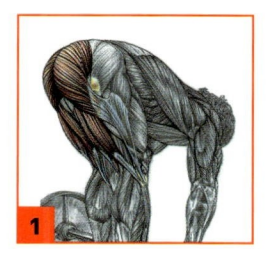 

1 **LEVANTAMENTO TERRA, PERNAS SEMIESTENDIDAS**   p. 120

15 a 25 repetições

2 **ELEVAÇÃO DE PERNA, BARRA FIXA**   p. 98

15 a 25 repetições

3 **ROTAÇÕES DO TRONCO**   p. 74

15 a 25 repetições

PREVENÇÃO DE DORES CERVICAIS

Quando há contato, o pescoço é submetido a uma prova rude. Para protegê-lo, é preciso fortalecer os músculos que mantêm a rigidez do pescoço e também fortalecer a parte descendente dos trapézios.

Faça este circuito sem tempo de repouso entre os exercícios, pelo menos 2 vezes por semana, no fim de seus treinamentos de musculação ou de combate.

1 **ENCOLHIMENTO**   p. 66

8 a 12 repetições

2 **EXTENSÕES DA NUCA**   p. 61

20 a 30 repetições

3 **FLEXÕES DE PESCOÇO**   p. 60

20 a 30 repetições

4 **ARREMESSO**   p. 121

8 a 12 repetições

5 **FLEXÕES LATERAIS DO PESCOÇO**   p. 63

20 a 30 repetições

PREVENÇÃO DE DORES NO QUADRIL

As rotações bruscas da pelve podem facilmente lesionar os pequenos músculos, responsáveis pela orientação das coxas. Portanto, é preciso fortalecer e alongar esses músculos.

Faça 2 a 3 circuitos de 20 a 10 repetições, pelo menos 2 vezes por semana. Em vez de encadear diretamente os exercícios, intercale 30 segundos de alongamento. Integre este circuito em todo início ou fim de seu treinamento de musculação.

1 **ADUÇÕES ISOMÉTRICAS** p. 106

20 a 10 repetições,
mantidas pelo menos 30 segundos

2 **ALONGAMENTOS DOS ROTADORES DO QUADRIL** p. 115

Pelo menos 30 segundos de cada lado

3 *LEG CURLS* **OU FLEXÃO DOS JOELHOS, DEITADO** p. 109

20 a 10 repetições

4 **ALONGAMENTOS DOS ROTADORES DO QUADRIL** p. 115

Pelo menos 30 segundos de cada lado

5 **LEVANTAMENTO TERRA, PERNAS SEMIESTENDIDAS** p. 120

20 a 10 repetições

6 **ALONGAMENTOS DOS ROTADORES DO QUADRIL** p. 115

Pelo menos 30 segundos de cada lado

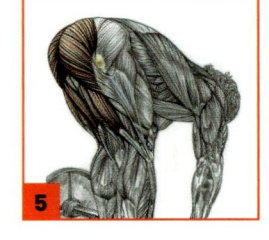

PREVENÇÃO DE DORES NOS JOELHOS E DE DISTENSÕES DOS ISQUIOTIBIAIS

Os problemas de joelho são muito frequentes nos esportes de combate. Eles são facilitados por um desequilíbrio entre a força dos isquiotibiais e a do quadríceps. Os programas de musculação se focalizam, em geral, nos quadríceps, negligenciando os isquiotibiais, mesmo que estes sejam mais importantes no combate.

Assim, a articulação do joelho é colocada em desequilíbrio, pois as tensões não estão equiparadas. Um programa de musculação deve reequilibrá-las. Além disso, ao reforçar os músculos da parte posterior da coxa, previnem-se também as distensões dos isquiotibiais.

Faça 2 a 3 circuitos de 10 a 25 repetições, pelo menos 2 vezes por semana. Integre este circuito em todo início do treinamento, como um aquecimento.

1 LEVANTAMENTO TERRA, PERNAS FLEXIONADAS p. 117

10 a 25 repetições

2 ALONGAMENTOS DOS ROTADORES DO QUADRIL p. 115

Pelo menos 30 segundos de cada lado

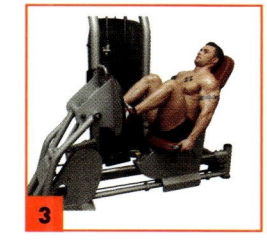 

3 PRENSA COM AS COXAS, EM TODA A AMPLITUDE p. 108

10 a 25 repetições

4 ALONGAMENTOS DOS ROTADORES DO QUADRIL p. 115

Pelo menos 30 segundos de cada lado

Título original em francês: *Musculation pour le fight et les sports de combat*
Copyright © 2012, Éditions Vigot, 23, rue de l'École-de-Médecine, 75006, Paris, França.

Este livro contempla as regras do Novo Acordo Ortográfico da Língua Portuguesa.

Editor gestor: Walter Luiz Coutinho
Editora de traduções: Denise Yumi Chinem
Produção editorial: Priscila Pereira Mota Hidaka e Cláudia Lahr Tetzlaff
Assistência editorial: Gabriela Rocha Ribeiro, Michel Arcas Bezerra e Vinicius Asevedo Vieira

Tradução: Fernanda Silva Rando (páginas 1 a 72)
          Sonia Augusto (páginas 73 a 144)

Terminologia anatômica (baseada em revisões de outras obras de Frédéric Delavier publicadas pela Editora Manole):
          Prof. Dr. Nader Wafae (*in memoriam*)
          Doutor e Livre-Docente de Anatomia pela EPM–Unifesp
          Professor Titular de Anatomia Descritiva e Topográfica do Departamento de Morfologia da EPM–Unifesp

Revisão: Depto. editorial da Editora Manole
Projeto gráfico original: Claire Guigal
Diagramação: TKD Editoração Ltda.
Adaptação da capa para a edição brasileira: Depto. de arte da Editora Manole
Fotografias: © Éditions Vigot, exceto as das páginas 6, 11, 55, 125, 127: © Yann Levy
Ilustrações: © Frédéric Delavier

Dados Internacionais de Catalogação na Publicação (CIP)
(Câmara Brasileira do Livro, SP, Brasil)

Delavier, Frédéric
  Guia de musculação para esportes de luta e de combate /
Frédéric Delavier, Michael Gundill ; [tradução
Fernanda Silva Rando e Sonia Augusto]. --
1. ed. -- Barueri : Manole, 2015.

  Título original: Musculation pour le fight et
les sports de combat.
  Bibliografia.
  ISBN 978-85-204-4094-0

    1. Aptidão física 2. Condicionamento físico
3. Exercícios 4. Musculação 5. Treinamento (Esportes)
6. Treinamento esportivo I. Gundill, Michael.
II. Título.

14-12724   CDD-613.71

Índices para catálogo sistemático:
1. Musculação : Educação física   613.71

Edição brasileira – 2015

Direitos em língua portuguesa adquiridos pela:
Editora Manole Ltda.
Av. Ceci, 672 – Tamboré
06460-120 – Barueri – SP – Brasil
Tel. (11) 4196-6000 – Fax: (11) 4196-6021
www.manole.com.br
info@manole.com.br

Impresso na França
Printed in France

Aviso
Os conselhos e as informações contidos nesta obra são resultado das pesquisas dos autores. Sua exatidão e confiabilidade foram cuidadosamente verificadas; contudo, os autores e editores não pretendem que este conteúdo substitua a opinião de um médico. O leitor é responsável pelo uso que faz do livro e deve, em caso de dúvida ou desconforto persistente, consultar um profissional de saúde.
Os autores e editores eximem-se da responsabilidade por eventuais danos decorrentes da utilização das informações presentes nesta obra.